✏️ 외운 단어는 ☑️ 표시하세요

	A		
001	**a**	하나의	☐
002	**A.M.**	오전	☐
003	**about**	~에 대하여	☐
004	**above**	위에	☐
005	**academy**	아카데미, 학술원	☐
006	**accent**	억양	☐
007	**accident**	사고, 교통사고	☐
008	**across**	가로질러서	☐
009	**act**	행동; 행동하다	☐
010	**add**	더하다	☐
011	**address**	주소	☐
012	**adult**	성인	☐
013	**adventure**	모험	☐
014	**advise**	조언하다, 권하다	☐
015	**afraid**	두려운, 무서워하여	☐
016	**after**	~후에, ~뒤에	☐
017	**afternoon**	오후	☐
018	**again**	다시, 또	☐
019	**against**	반대로	☐
020	**age**	나이	☐
021	**ago**	~전에, 지난	☐
022	**agree**	동의하다, 합의하다	☐
023	**ahead**	앞서, 앞에	☐
024	**air**	공기, 대기	☐
025	**airline**	항공사	☐

026	**airplane**	비행기, 항공기	☐
027	**airport**	공항	☐
028	**all**	모든, 모두	☐
029	**almost**	거의, 대부분	☐
030	**alone**	혼자, 홀로	☐
031	**along**	~을 따라서	☐
032	**aloud**	큰 소리로	☐
033	**already**	이미, 벌써	☐
034	**alright**	좋아	☐
035	**also**	또한, 역시	☐
036	**always**	항상, 언제나	☐
037	**and**	그리고	☐
038	**angel**	천사	☐
039	**anger**	분노, 화	☐
040	**animal**	동물, 짐승	☐
041	**another**	다른, 또	☐
042	**answer**	대답; 답하다	☐
043	**ant**	개미	☐
044	**any**	어떤	☐
045	**apple**	사과	☐
046	**area**	지역	☐
047	**arm**	팔	☐
048	**around**	주변에, 주위에	☐
049	**arrive**	도착하다	☐
050	**art**	예술, 미술	☐
051	**as**	~처럼, ~으로서	☐

052	ask	묻다, 요청하다	☐
053	at	~때에(시간), ~에서(장소)	☐
054	aunt	이모, 고모	☐
055	away	떨어져, 멀리	☐

B

056	baby	아기	☐
057	back	등, 뒤	☐
058	background	배경, 출신	☐
059	bad	나쁜, 좋지 않은	☐
060	bake	굽다	☐
061	ball	공	☐
062	balloon	풍선, 기구	☐
063	band	악단	☐
064	bank	은행	☐
065	base	기반, 기초	☐
066	baseball	야구	☐
067	basic	기본적인, 기초적인	☐
068	basket	바구니	☐
069	basketball	농구	☐
070	bat	박쥐	☐
071	bath	목욕	☐
072	bathroom	화장실, 욕실	☐
073	battery	건전지	☐
074	battle	전투, 싸움	☐
075	be	~이다, 있다	☐
076	beach	해변, 바닷가	☐
077	bean	콩, 열매	☐
078	bear	곰	☐
079	beauty	아름다움, 미인	☐

080	because	~때문에	☐
081	become	~이 되다	☐
082	bed	침대	☐
083	bedroom	침실	☐
084	bee	벌	☐
085	beef	쇠고기	☐
086	before	~전에, 이전에	☐
087	begin	시작하다	☐
088	behind	뒤에	☐
089	believe	믿다, 생각하다	☐
090	bell	종	☐
091	below	아래에	☐
092	beside	곁에	☐
093	between	사이에, ~간의	☐
094	bicycle	자전거	☐
095	big	큰, 중요한	☐
096	bill	영수증, 지폐	☐
097	bird	새	☐
098	birth	탄생, 출생	☐
099	birthday	생일	☐
100	bite	물다	☐
101	black	검은	☐
102	block	차단	☐
103	blood	혈액, 피	☐
104	blue	파란, 푸른	☐
105	board	게시판	☐
106	boat	배	☐
107	body	몸, 신체	☐
108	bomb	폭탄, 폭발물	☐

345	future	미래	☐

	G		
346	garden	정원	☐
347	gate	문, 정문	☐
348	gentleman	신사	☐
349	gesture	몸짓	☐
350	get	받다, 얻다	☐
351	ghost	유령, 귀신	☐
352	giant	거대한	☐
353	gift	선물	☐
354	giraffe	기린	☐
355	girl	소녀	☐
356	give	주다, 전하다	☐
357	glad	기쁜, 좋은	☐
358	glass	유리, 안경	☐
359	glove	장갑	☐
360	glue	접착제; 붙이다	☐
361	go	가다	☐
362	goal	목표, 골	☐
363	god	신, 하느님	☐
364	gold	금, 금메달	☐
365	good	좋은	☐
366	goodbye	작별인사, 안녕	☐
367	grandfather	할아버지, 조부	☐
368	grape	포도	☐
369	grass	풀, 잔디	☐
370	great	위대한, 큰	☐
371	green	녹색	☐
372	grey	회색	☐
373	ground	땅	☐

374	group	그룹, 단체	☐
375	grow	성장하다, 자라다	☐
376	guess	~라고 생각하다	☐
377	guide	안내(서); 안내하다	☐
378	guy	사람, 남자	☐

	H		
379	habit	습관, 버릇	☐
380	hair	머리카락, 털	☐
381	hand	손	☐
382	handsome	잘 생긴, 멋진	☐
383	hang	걸다, 달다	☐
384	happy	행복한, 기쁜	☐
385	hard	열심히; 어려운	☐
386	hat	모자	☐
387	hate	싫어하다, 증오하다	☐
388	have	가지다, 얻다	☐
389	he	그는	☐
390	head	머리	☐
391	headache	두통, 골칫거리	☐
392	heart	심장, 마음	☐
393	heat	열; 가열하다	☐
394	heaven	천국, 하늘	☐
395	heavy	무거운	☐
396	helicopter	헬기	☐
397	hello	안녕하세요, 안부	☐
398	help	도움; 돕다	☐
399	here	여기, 이곳	☐
400	hero	영웅, 주인공	☐
401	high	높은	☐
402	hill	언덕, 산	☐

286	exam	시험, 조사	☐
287	example	예, 본보기	☐
288	exercise	운동; 훈련하다	☐
289	exit	출구; 나가다	☐
290	eye	눈, 시선	☐

	F		
291	face	얼굴	☐
292	fact	사실	☐
293	factory	공장, 회사	☐
294	fail	실패하다	☐
295	fall	가을; 떨어지다	☐
296	family	가족, 가문	☐
297	famous	유명한, 잘 알려진	☐
298	fan	부채, (배우 등의) 팬	☐
299	fantastic	환상적인, 멋진	☐
300	far	먼	☐
301	farm	농장, 양식장	☐
302	fast	빨리; 빠른	☐
303	fat	지방; 비만한	☐
304	father	아버지, 부친	☐
305	favorite	좋아하는	☐
306	feel	느끼다	☐
307	fever	열, 고열	☐
308	field	분야, 현장	☐
309	fight	싸우다	☐
310	file	파일, 서류철	☐
311	fill	채우다, 가득하다	☐
312	find	찾다, 발견하다	☐
313	fine	좋은	☐
314	finger	손가락	☐

315	finish	마치다, 끝나다	☐
316	fire	화재, 불	☐
317	fish	물고기, 어류	☐
318	fix	고치다, 고정하다	☐
319	flag	국기, 깃발	☐
320	floor	바닥, 층	☐
321	flower	꽃	☐
322	fly	날다, 비행하다	☐
323	focus	집중하다	☐
324	fog	안개	☐
325	food	음식, 식품	☐
326	fool	바보	☐
327	foot	발	☐
328	football	축구, 미식 축구	☐
329	for	~을 위하여, ~을 기념하여	☐
330	forest	숲, 산림	☐
331	forever	영원히	☐
332	forget	잊다, 망각하다	☐
333	form	형태; 형성하다	☐
334	fox	여우	☐
335	free	자유의, 무료의	☐
336	fresh	신선한, 살아있는	☐
337	friend	친구	☐
338	frog	개구리	☐
339	from	~에서, ~으로부터	☐
340	front	앞	☐
341	fruit	과일, 열매	☐
342	fry	튀기다	☐
343	full	가득한, 완전한	☐
344	fun	재미있는, 즐거운	☐

227	**dance**	춤, 무용; 춤추다	☐
228	**danger**	위험, 위기	☐
229	**dark**	어두운	☐
230	**date**	데이트, 날짜	☐
231	**daughter**	딸	☐
232	**day**	날, 하루	☐
233	**dead**	죽은	☐
234	**death**	죽음, 사망	☐
235	**decide**	결정하다, 하기로 하다	☐
236	**deep**	깊은	☐
237	**delicious**	맛있는, 맛 좋은	☐
238	**dentist**	치과의사	☐
239	**design**	설계하다; 디자인	☐
240	**desk**	책상, 데스크	☐
241	**dialogue**	대화	☐
242	**diary**	일기, 다이어리	☐
243	**die**	죽다, 사망하다	☐
244	**different**	다른, 여러 가지의	☐
245	**difficult**	어려운, 힘든	☐
246	**dinner**	저녁식사, 저녁	☐
247	**dirty**	더러운, 지저분한	☐
248	**discuss**	논의하다; 협의	☐
249	**dish**	접시	☐
250	**divide**	나누다, 분할하다	☐
251	**do**	하다	☐
252	**doctor**	의사, 박사	☐
253	**dog**	개, 애완견	☐
254	**doll**	인형	☐
255	**dolphin**	돌고래	☐
256	**door**	문	☐

257	**double**	두 배의, 이중의	☐
258	**down**	아래에	☐
259	**draw**	그리다, 끌다	☐
260	**dream**	꿈; 꿈꾸다	☐
261	**drink**	마시다; 음료	☐
262	**drive**	운전하다, 구동하다	☐
263	**drop**	하락; 떨어지다	☐
264	**dry**	건조한, 말린	☐
265	**duck**	오리	☐
266	**during**	~동안, ~중에도	☐
E			
267	**ear**	귀	☐
268	**early**	초기의; 일찍이	☐
269	**earth**	지구, 땅	☐
270	**east**	동쪽	☐
271	**easy**	쉬운, 좋은	☐
272	**eat**	먹다	☐
273	**egg**	달걀, 알	☐
274	**elementary**	초등의, 초등학교의	☐
275	**elephant**	코끼리	☐
276	**end**	종료; 끝나다	☐
277	**engine**	엔진, 기관	☐
278	**engineer**	기술자, 공학자	☐
279	**enjoy**	즐기다, 누리다	☐
280	**enough**	충분한; 충분히	☐
281	**enter**	들어가다, 입장하다	☐
282	**eraser**	지우개	☐
283	**error**	오차, 오류	☐
284	**evening**	저녁, 저녁용의	☐
285	**every**	모든, ~마다	☐

403	history	역사	☐
404	hit	치다	☐
405	hobby	취미	☐
406	hold	잡다	☐
407	holiday	휴일, 명절	☐
408	home	집; 가정의	☐
409	homework	숙제, 과제	☐
410	honest	솔직한, 정직한	☐
411	honey	꿀	☐
412	hope	바라다, 희망하다	☐
413	horse	말	☐
414	hospital	병원	☐
415	hot	더운, 뜨거운	☐
416	hour	시간	☐
417	house	집, 주택	☐
418	how	어떻게, 얼마나	☐
419	however	그러나, 하지만	☐
420	human	인간, 사람	☐
421	humor	유머, 해학	☐
422	hundred	100	☐
423	hungry	배고픈	☐
424	hunt	사냥하다	☐
425	hurry	서두르다, 빨리 ~하다	☐
426	husband	남편	☐

		I	
427	I	나, 나는, 내가	☐
428	ice	얼음, 빙하	☐
429	idea	생각, 아이디어	☐
430	if	만약 ~라면	☐
431	important	중요한, 주요한	☐

432	in	~때에(시간), ~에(장소)	☐
433	inside	내부, 안쪽	☐
434	into	~안으로	☐
435	introduce	소개하다, 도입하다	☐
436	invite	초대하다, 초청하다	☐
437	it	그것	☐

		J	
438	jeans	청바지	☐
439	job	직무, 일	☐
440	join	참여하다, 가입하다	☐
441	joy	기쁨, 즐거움	☐
442	just	단지	☐

		K	
443	keep	유지하다, 계속하다	☐
444	key	열쇠	☐
445	kick	차다	☐
446	kid	아이, 어린이	☐
447	kill	죽이다, 살해하다	☐
448	kind	친절한; 종류	☐
449	king	왕	☐
450	kitchen	부엌, 주방	☐
451	knife	칼	☐
452	know	알다, 인식하다	☐

		L	
453	lady	여성, 부인	☐
454	lake	호수	☐
455	land	땅, 토지	☐
456	large	큰, 대규모의	☐
457	last	지난, 마지막의	☐
458	late	말기의, 늦은	☐

459	lazy	게으른, 나태한	☐
460	leaf	잎, 나뭇잎	☐
461	learn	배우다, 공부하다	☐
462	left	왼쪽	☐
463	leg	다리	☐
464	lesson	교훈, 수업	☐
465	letter	편지, 글자	☐
466	library	도서관, 서재	☐
467	lie	거짓말; 눕다	☐
468	light	빛	☐
469	like	~같은; 좋아하다	☐
470	line	선	☐
471	lion	사자	☐
472	lip	입술	☐
473	listen	듣다, 귀를 기울이다	☐
474	little	작은, 조금	☐
475	live	살다, 생활하다	☐
476	living room	거실	☐
477	long	긴, 오래	☐
478	look	보다, 찾다	☐
479	love	사랑하다, 좋아하다	☐
480	low	낮은	☐
481	luck	운, 행운	☐
482	lunch	점심	☐

M

483	mad	화난, 미친	☐
484	mail	우편, 메일	☐
485	make	만들다	☐
486	man	남자, 사람	☐
487	many	많은, 여러	☐

488	map	지도	☐
489	marry	결혼하다, 혼인하다	☐
490	mathematics	수학, 수리	☐
491	may	~일 수 있다	☐
492	meat	고기, 육류	☐
493	meet	만나다	☐
494	memory	기억, 메모리	☐
495	middle	중앙의, 중간의	☐
496	might	~일지도 모른다	☐
497	milk	우유	☐
498	mind	마음, 생각	☐
499	mirror	거울	☐
500	miss	놓치다, 그리워하다	☐
501	money	돈	☐
502	monkey	원숭이	☐
503	month	개월	☐
504	moon	달	☐
505	morning	아침, 오전	☐
506	mother	어머니	☐
507	mountain	산	☐
508	mouse	쥐	☐
509	mouth	입	☐
510	move	움직이다, 이동하다	☐
511	movie	영화	☐
512	much	많은	☐
513	museum	박물관	☐
514	music	음악, 노래	☐
515	must	~해야 한다	☐

N

| 516 | name | 이름, 명칭 | ☐ |

632	**she**	그녀, 그 여자	☐	662	**son**	아들, 자식	☐
633	**ship**	선박, 배	☐	663	**song**	노래, 곡	☐
634	**shock**	충격; 놀라게 하다	☐	664	**sorry**	미안한, 죄송한	☐
635	**shoe**	신발	☐	665	**sound**	소리; 들리다	☐
636	**shop**	가게	☐	666	**sour**	신맛이 나는	☐
637	**short**	짧은, 단기의	☐	667	**south**	남, 남쪽	☐
638	**should**	~해야 한다	☐	668	**space**	공간, 우주	☐
639	**show**	보여주다	☐	669	**speak**	말하다	☐
640	**shy**	수줍은, 부끄러운	☐	670	**speed**	속도	☐
641	**sick**	아픈, 병든	☐	671	**spoon**	숟가락	☐
642	**side**	측면, 면	☐	672	**stand**	세우다, 서다	☐
643	**sing**	노래하다	☐	673	**start**	시작하다; 시작	☐
644	**sister**	여동생, 자매	☐	674	**stay**	머무르다, 유지하다	☐
645	**sit**	앉다	☐	675	**stone**	돌	☐
646	**size**	크기	☐	676	**stop**	멈추다, 중단하다	☐
647	**skin**	피부, 껍질	☐	677	**store**	가게	☐
648	**skirt**	치마	☐	678	**story**	이야기, 소설	☐
649	**sky**	하늘, 상공	☐	679	**strawberry**	딸기	☐
650	**sleep**	자다	☐	680	**street**	거리, 길	☐
651	**slow**	느린	☐	681	**stress**	스트레스, 긴장; 강조하다	☐
652	**small**	작은, 소규모의	☐	682	**strong**	강한	☐
653	**smart**	똑똑한	☐	683	**student**	학생	☐
654	**smell**	냄새; 냄새를 맡다	☐	684	**study**	공부하다	☐
655	**smile**	미소; 웃다	☐	685	**subway**	지하철	☐
656	**snow**	눈; 눈이 내리다	☐	686	**sugar**	설탕, 당분	☐
657	**so**	그래서, 그렇다면	☐	687	**sun**	태양, 해	☐
658	**soccer**	축구	☐	688	**supper**	만찬, 저녁 식사	☐
659	**sock**	양말	☐	689	**swim**	수영하다	☐
660	**soft**	부드러운	☐		**T**		
661	**some**	일부, 몇	☐	690	**table**	탁자	☐

575	**pocket**	주머니, 호주머니	☐	603	**restaurant**	식당	☐
576	**point**	요점	☐	604	**restroom**	화장실	☐
577	**police**	경찰	☐	605	**return**	돌아오다, 복귀하다	☐
578	**poor**	가난한, 빈곤한	☐	606	**rich**	부자의, 부유한	☐
579	**potato**	감자	☐	607	**right**	권리	☐
580	**power**	힘	☐	608	**ring**	반지	☐
581	**present**	현재	☐	609	**river**	강, 하천	☐
582	**pretty**	예쁜	☐	610	**road**	도로, 길	☐
583	**prince**	왕자	☐	611	**rock**	바위	☐
584	**print**	인쇄하다	☐	612	**roof**	지붕, 옥상	☐
585	**prize**	상, 상금	☐	613	**room**	방	☐
586	**problem**	문제, 과제	☐	614	**run**	달리다	☐
587	**puppy**	강아지	☐		**S**		
588	**push**	밀다	☐	615	**sad**	슬픈, 안타까운	☐
589	**put**	넣다, 두다	☐	616	**safe**	안전한, 무사한	☐
590	**puzzle**	퍼즐, 수수께끼	☐	617	**sale**	판매, 할인 판매	☐
	Q			618	**salt**	소금	☐
591	**queen**	여왕	☐	619	**same**	같은, 똑같은	☐
592	**question**	질문, 문제	☐	620	**sand**	모래	☐
593	**quick**	빠른; 빨리	☐	621	**save**	구하다, 절약하다	☐
594	**quiet**	조용히, 고요한	☐	622	**say**	말하다	☐
	R			623	**school**	학교	☐
595	**rabbit**	토끼	☐	624	**science**	과학	☐
596	**race**	경주, 경기	☐	625	**scissors**	가위	☐
597	**rain**	비; 비가 오다	☐	626	**score**	점수	☐
598	**rainbow**	무지개	☐	627	**sea**	바다	☐
599	**read**	읽다, 독서하다	☐	628	**season**	계절	☐
600	**ready**	준비된	☐	629	**see**	보다	☐
601	**red**	빨간, 붉은	☐	630	**sell**	팔다, 판매하다	☐
602	**remember**	기억하다	☐	631	**send**	보내다, 전하다	☐

517	**nation**	국가, 나라	☐	546	**one**	하나	☐
518	**nature**	자연	☐	547	**only**	유일하게	☐
519	**near**	근처	☐	548	**open**	열다, 개방하다	☐
520	**neck**	목	☐	549	**or**	또는	☐
521	**need**	필요하다	☐	550	**out**	밖에	☐
522	**never**	결코, 절대	☐	551	**over**	~이상	☐
523	**new**	새로운	☐		**P**		
524	**newspaper**	신문	☐	552	**P.M.**	오후	☐
525	**next**	다음의, 이후의	☐	553	**paint**	그리다, 칠하다	☐
526	**nice**	멋진, 좋은	☐	554	**palace**	궁전, 왕실	☐
527	**night**	밤, 저녁	☐	555	**pants**	바지	☐
528	**no**	없다, 아니다	☐	556	**paper**	종이	☐
529	**noon**	정오	☐	557	**parent**	부모, 학부모	☐
530	**north**	북, 북쪽	☐	558	**park**	공원	☐
531	**nose**	코, 후각	☐	559	**part**	부분, 일부	☐
532	**not**	않다, 아니다	☐	560	**pass**	통과하다, 지나가다	☐
533	**note**	메모, 쪽지	☐	561	**pay**	지불하다	☐
534	**nothing**	아무 것도 없음	☐	562	**peace**	평화, 화해	☐
535	**now**	지금, 이제	☐	563	**pear**	배	☐
536	**number**	수, 다수	☐	564	**pencil**	연필	☐
537	**nurse**	간호사	☐	565	**people**	사람들	☐
	O			566	**pick**	선택하다, 고르다	☐
538	**ocean**	바다, 해양	☐	567	**picnic**	소풍	☐
539	**of**	~의, ~으로부터	☐	568	**picture**	사진, 그림	☐
540	**off**	떨어져	☐	569	**pig**	돼지	☐
541	**office**	사무소, 회사	☐	570	**pink**	분홍색	☐
542	**often**	종종, 자주	☐	571	**place**	장소	☐
543	**oil**	석유, 기름	☐	572	**plan**	계획; 계획하다	☐
544	**old**	나이든, 오래된	☐	573	**play**	놀다, ~하다	☐
545	**on**	~때에(시간), ~위에(장소)	☐	574	**please**	제발, 부디	☐

초   학년 (   )반 번호(   )

학생 이름 :

번호	통과	미통과
1-50	☐	☐
50-100	☐	☐
101-150	☐	☐
151-200	☐	☐
201-250	☐	☐
251-300	☐	☐
301-350	☐	☐
351-400	☐	☐
401-450	☐	☐
451-500	☐	☐
501-550	☐	☐
551-600	☐	☐
601-650	☐	☐
651-700	☐	☐
701-750	☐	☐
751-800	☐	☐

		W		778	wife	아내, 부인	☐
749	wait	기다리다	☐	779	will	~할 것이다	☐
750	wake	깨다	☐	780	win	우승하다, 이기다	☐
751	walk	걷다	☐	781	wind	바람, 풍력	☐
752	wall	벽, 벽면	☐	782	window	창문, 창	☐
753	want	원하다	☐	783	wish	바라다; 소원	☐
754	war	전쟁	☐	784	with	~와 함께	☐
755	warm	따뜻한, 온난한	☐	785	woman	여성, 여자	☐
756	wash	씻다, 세탁하다	☐	786	wood	목재, 나무	☐
757	watch	보다, 관람하다	☐	787	word	단어, 말	☐
758	water	물, 바다	☐	788	work	일하다	☐
759	watermelon	수박	☐	789	world	세계, 세상	☐
760	way	방법, 방식	☐	790	worry	걱정하다, 우려하다	☐
761	we	우리	☐	791	write	쓰다, 적다	☐
762	wear	입다, 착용하다	☐	792	wrong	잘못된, 틀린	☐
763	weather	날씨, 기상	☐			**Y**	
764	wedding	결혼	☐	793	year	연도, 해, 나이	☐
765	week	주, 일주일	☐	794	yellow	노란색	☐
766	weekend	주말	☐	795	yes	그렇습니다, 네	☐
767	weight	체중, 무게	☐	796	yesterday	어제	☐
768	welcome	환영하다, 맞이하다	☐	797	you	여러분, 당신	☐
769	well	잘	☐	798	young	젊은, 어린	☐
770	west	서부, 서양	☐			**Z**	
771	wet	젖은, 습한	☐	799	zebra	얼룩말	☐
772	what	무엇	☐	800	zoo	동물원	☐
773	when	언제	☐				
774	where	어디	☐				
775	white	하얀	☐				
776	who	누구	☐				
777	why	왜	☐				

691	tail	꼬리	☐	721	tooth	치아, 이빨	☐
692	take	(시간이) 걸리다, 가지다	☐	722	top	위쪽의, 최고인	☐
693	talk	말하다	☐	723	touch	만지다	☐
694	tall	키가 큰	☐	724	tour	관광	☐
695	tape	테이프, 테이프 끈(띠)	☐	725	tower	탑, 타워	☐
696	taste	맛보다	☐	726	town	마을, 도시	☐
697	teach	가르치다, 알려주다	☐	727	toy	장난감	☐
698	teen	10대의, 청소년	☐	728	train	훈련하다, 교육하다	☐
699	telephone	전화	☐	729	travel	여행; 여행하다	☐
700	tell	말하다, 이야기하다	☐	730	tree	나무	☐
701	test	시험, 실험	☐	731	triangle	삼각형, 삼각지	☐
702	textbook	교과서, 교재	☐	732	trip	여행	☐
703	than	~보다	☐	733	true	사실, 진정한	☐
704	thank	감사하다	☐	734	try	노력하다, 해보다	☐
705	that	저것	☐	735	turn	되다, 돌리다	☐
706	the	그	☐	736	twice	두 번, 두 배	☐
707	there	그곳, 거기	☐	737	type	유형, 종류	☐
708	they	그들, 그것들	☐		**U**		
709	thing	것, 일	☐	738	ugly	추한, 불쾌한	☐
710	think	생각하다	☐	739	umbrella	우산	☐
711	thirst	갈증, 갈망	☐	740	uncle	삼촌, 아저씨	☐
712	this	이것	☐	741	under	아래의, ~밑에	☐
713	tiger	호랑이	☐	742	understand	이해하다, 알다	☐
714	time	시간, 때	☐	743	up	~위에	☐
715	to	~에, ~까지	☐	744	use	이용하다, 사용하다	☐
716	today	오늘날, 오늘	☐		**V**		
717	together	함께, 같이	☐	745	vegetable	야채, 식물	☐
718	tomorrow	내일, 미래	☐	746	very	매우, 아주	☐
719	tonight	오늘밤, 오늘 저녁	☐	747	visit	방문하다	☐
720	too	또한	☐	748	voice	목소리, 음성	☐

MEMO

초등 영문법, 쓸 수 있어야 진짜 문법이다!

문법이 쓰기다

기본
2

초등 영문법, 쓸 수 있어야 진짜 문법이다!
GRAMMAR 학 WRITING

**"자꾸 쓰고writing 싶어지고
저절로 써지는writing 문법을 알려 드립니다!!"**

규칙을 외워서 문제를 풀고 규칙 적용의 오류를 찾아내는 식의 문법 학습은 '공부를 위한 공부'
에 그칠 가능성이 큽니다. 영어를 제 2언어로서 유창하게 사용할 수 있게 하는 것은 물론, 영어
학습과 동시에 종합적 사고력과 창의력을 기를 수 있게 하기 위해서는, **'쓰기'를 통해 문법 지식을 적극적으로**
응용하도록 훈련을 해야 합니다.

" 문법이 말짱 도루묵? "

문법을 아무리 외우고 다시 들여다봐도, 뒤돌아서면
잊어버리기 십상이죠. 결국 아예 배우지 않은 것처럼
말짱 도루묵이 되어 버리죠.

내 머릿속에
지우개가?...

따당

" 문법 구슬도 꿰어야 보배!!! "

그건 문법 규칙만을 외우거나 기계적으로 문제풀이만을 하기
때문이에요. 시험문제를 푸는 것 외엔 쓸모가 없는 문법 공부
가 아니라 제대로 이해하고 제대로 쓰는 훈련이 필요해요.

애쓴다, 애써!

시끄러!

문법

" 초등 영문법, 문법이 쓰기다!!! "

지겹고 기계적인 문법이 아닌 저절로, 스스로 구슬처럼
꿰어지는 초등 영문법, 「문법이 쓰기다」로 저절로 써지는
문법을 만나보세요.

짜잔

얏호!

문법이
쓰기다

문법이
쓰기다

**" 머리로 이해하여 저절로 써지고,
스스로 쓰고 싶어지는 문법훈련 "**

명사를 배우면 명사가 문장에서 어떻게 바뀌어 쓰는지
연습하고, 다시 명사로 문장을
만들어 보는 나선형 훈련으로
스스로 문법이 배워지는 성취감을
느낄 수 있어요.

하
하
하

문법!!
참 쉽죠잉~

> **"스스로 쓸writing 수 있고
> 저절로 쓰고writing 싶어지는 구성이다!!"**

스스로 쓰고 싶어지는 초등 영문법 『문법이 쓰기다』는 초등 영어 전 과정에서 다루는 문법 내용을
중심으로 묶어 **일일 학습만으로 쉽게 소화할 수 있게 쪼개어 설명**합니다. 흥미로운 문법 규칙을 익힌 뒤에는
이 지식을 바탕으로 수수께끼를 풀 듯 문장 쓰기 연습을 시작합니다. 이 단계까지 마치면 자유로운 쓰기로 문법
을 확장 응용할 수 있게 되며, 그 과정에서 영어에 대한 자신감이 절로 높아집니다.

1 구성원리가 다릅니다. 문장을 조립할 수 있는 문법 퍼즐식 구성으로, 문법 규칙이 모이고
더해져 쓰기로 이어지는 과정을 목차와 학습 방법으로 그대로 반영했습니다.

품사	규칙	문장구성
특성은 무엇일까?	**어떻게, 왜 변할까?**	**어떻게 문장으로 만들어질까?**
품사의 특성에 따라 어떻게 쓰고 활용하는지 알기	문장을 이루기 위한 규칙에 따른 변화 알기	특성과 규칙을 통해 문장의 기본틀 익히기
• **명사**: 사람과 사물의 이름 • **대명사**: 이름을 대신해 쓰는 말 • **동사**: 동작을 지시하는 말 • **형용사**: 형태를 묘사하는 말 • **부사**: 동사, 형용사를 꾸미는 말 • **전치사**: 명사 앞의 도움말	• 주어에 따른 변화규칙 • 수에 따른 변화규칙 • 격에 따른 변화규칙 • 시제에 따른 변화규칙 • 의미에 따른 변화규칙 • 문장 종류에 따른 변화규칙	• be동사 중심으로 구성 • 일반동사 중심으로 구성 • 명사, 대명사 위치에 따라 • 형용사, 부사 위치에 따라 • 조동사 위치에 따라 • 의문사, 조동사에 따라

2 매일 3단계 습관 만들기 훈련입니다. 쓰기로 문법Grammar을 익히고, 깨친 문법으로
유창하게 쓰는 [매일매일 스스로 공부습관]을 들일 수 있습니다.

Step 1 변화규칙 익히기

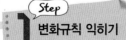

문법규칙 확인 문장을 쓰기 위한 변화규칙을 배우기 때문에 문법을 제대로 배우게 됩니다.

Step 2 써보면서 깨치기

문법+쓰기 골라 쓰고, 고쳐 쓰며, 바꿔 쓰고, 배열하고, 전체 문장을 써보면 어느새 문법이 내 것이 됩니다.

Step 3 문장쓰기

한 줄 문장쓰기 변화규칙과 문장의 특성이 포함된 대표문장을 보고, 뜻에 맞는 한 줄 문장을 정확하게 스스로 쓸 수 있습니다.

구성과 특징

이 책의 구성과 특징에 맞게 **매일매일 코스**와 **집중 코스**, 두 가지로 즐겁게 공부해 보세요.

Step 0 개념과 규칙을 알면 저절로

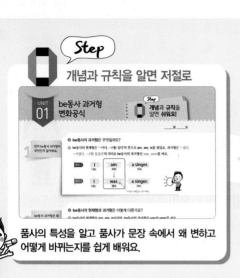

품사의 특성을 알고 품사가 문장 속에서 왜 변하고 어떻게 바뀌는지를 쉽게 배워요.

Step 1 골라 써보면 문법이 저절로

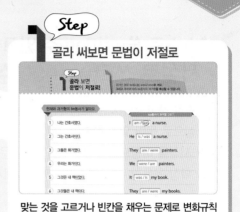

맞는 것을 고르거나 빈칸을 채우는 문제로 변화규칙과 문장규칙의 기초를 재확인하게 구성되었어요.

Step 2 비교해 보면 문법이 저절로

두 문장의 의미나 형태를 비교하여 문법 규칙의 쓰임을 명확히 알 수 있어요.

3일째는 실전 TEST와 문장쓰기로 마무리해요!

실력향상 실전 TEST

학교시험문제로 기초 문법을 점검하고 서술형 문제로 실력을 높여봐요.

서술형 대비 문장쓰기 워크북

Step 3 전체를 써보면 문장이 저절로

단어를 배열해 문장을 완성하거나 주어진 단어를 이용해 문장 전체를 써보는 writing 훈련이에요.

하루도 빠짐없이 이 길을 따라가다 보면, 어느새 초등 영문법 박사, 영어 글쓰기 왕이 되어 있을거예요!

집중
코스

집중 코스 1

Unit 1 + Unit 2

품사의 개념과 품사가 문장 속에서 왜 변하고, 어떻게 변하는지에 대한
규칙을 익히고 매일매일 부담 없이 연습하면서 문법의 감을 다지는 코스입니다.

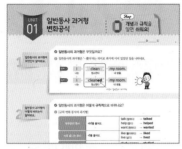

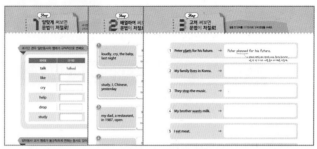

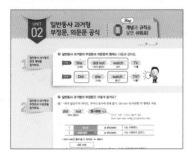

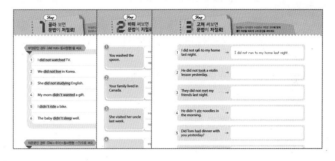

집중 코스 2

Unit 3 + 실력향상 실전 TEST + 워크북

문장 구조의 기초를 소개하고 매일매일 연습을 통해 문장 쓰기에도 익숙해지도록 합니다.
워크북으로 영어 문장쓰기의 재미를 깨치고, 실전 TEST의 서술형 문제로 학교시험에도
대비하세요.

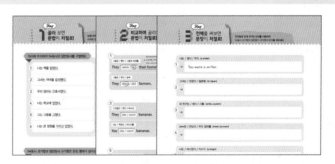

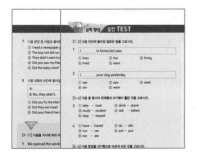

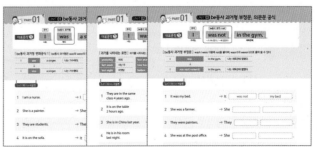

초등 영문법, 쓸 수 있어야 진짜 문법이다!

문법이 쓰기다 기본 2

문법이 쓰기다 기본 1

16일만에 완성하기

		단원		학습일
1일차	Part 1 be동사 과거형	Unit 1	be동사 과거형 변화공식	____월 ____일
		Unit 2		
2일차		Unit 3	be동사 과거형 문장공식	____월 ____일
		워크북		
3일차	Part 2 일반동사 과거형	Unit 1	일반동사 과거형 변화공식	____월 ____일
		Unit 2		
4일차		Unit 3	일반동사 과거형 문장공식	____월 ____일
		워크북		
5일차	Part 3 진행형	Unit 1	진행형 변화공식	____월 ____일
		Unit 2		
6일차		Unit 3	진행형 문장공식	____월 ____일
		워크북		
7일차	Part 4 미래형	Unit 1	미래형 변화공식	____월 ____일
		Unit 2		
8일차		Unit 3	미래형 문장공식	____월 ____일
		워크북		
9일차	Part 5 비교급과 최상급	Unit 1	비교급과 최상급 변화공식	____월 ____일
		Unit 2		
10일차		Unit 3	비교급과 최상급 문장공식	____월 ____일
		워크북		
11일차	Part 6 관사와 some, any, all, every	Unit 1	관사와 some, any, all, every 공식	____월 ____일
		Unit 2		
12일차		Unit 3	관사와 some, any, all, every 문장공식	____월 ____일
		워크북		
13일차	Part 7 자주 사용하는 동사	Unit 1	자주 사용하는 동사 공식	____월 ____일
		Unit 2		
14일차		Unit 3	자주 사용하는 동사 문장공식	____월 ____일
		워크북		
15일차	Part 8 접속사와 명령문	Unit 1	접속사와 명령문 공식	____월 ____일
		Unit 2		
16일차		Unit 3	접속사와 명령문 문장공식	____월 ____일
		워크북		

8일만에 완성하기

1일차	2일차	3일차	4일차
Part 1 be동사 과거형	Part 2 일반동사 과거형	Part 3 진행형	Part 4 미래형

5일차	6일차	7일차	8일차
Part 5 비교급과 최상급	Part 6 관사와 some, any, all, every	Part 7 자주 사용하는 동사	Part 8 접속사와 명령문

PART 1

be동사 과거형

Unit 1   나도 그랬지.

be동사 과거형 변화공식

나는 지금 엄마 개.
하지만 나도 귀여운
아기 강아지 시절이 있었지!

I am a mom dog.
I was a puppy.

단어 미리 Check Up

painter	✔ 화가	☐ 댄서
driver	☐ 요리사	☐ 운전수
professor	☐ 조종사	☐ 교수
bakery	☐ 은행	☐ 빵집
museum	☐ 박물관	☐ 우체국
at home	☐ 학교에	☐ 집에

정답 화가 / 운전수 / 교수 / 빵집 / 박물관 / 집에

Unit 2 · 나만의 비밀 장소는 여기였어!

be동사 과거형 문장공식

어렸을 때 나만의 비밀 장소가 있었어!
아마 절대 사람들 눈에 띄지 않았을 거야.
거기가 어디였냐고?

I *was in the garden*.
We *were in the basket*.

➕ 단어 미리 Check Up

at the mall	☐ 거실에	☐ 쇼핑몰에
reporter	☐ 기자	☐ 수업
gym	☐ 수영장	☐ 체육관
actor	☐ 배우	☐ 가수
group	☐ 그룹	☐ 방
in London	☐ 일본에	☐ 런던에

Unit 3 · 어디 있었니?

be동사 과거형 부정문, 의문문 공식

같이 놀고 싶어서 한참 찾았어!
대체 어디 있었어?
부엌? 거실?

Were you in the kitchen?
Were you in the living room?

➕ 단어 미리 Check Up

nurse	☐ 의사	☐ 간호사
Japan	☐ 중국	☐ 일본
living room	☐ 거실	☐ 화장실
on the table	☐ 소파 위에	☐ 테이블 위에
pilot	☐ 농부	☐ 조종사
library	☐ 도서관	☐ 사무실

be동사 과거형 변화공식

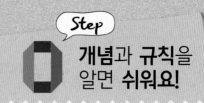

_____월 _____일

1 먼저 be동사 과거형이 무엇인지 알아봐요.

✏️ **be동사의 과거형은 무엇일까요?**

💡 be동사의 현재형은 '~이다, ~(에) 있다'의 뜻으로 am, are, is를 썼었죠. 과거형은 '~였다, ~이었다, ~(에) 있었다'의 의미로 be동사의 과거형인 was, were를 써요.

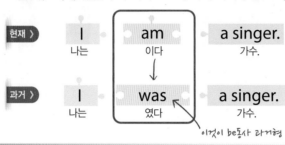

현재 〉	I	am	a singer.
	나는	이다	가수.
과거 〉	I	was	a singer.
	나는	였다	가수.

이것이 be동사 과거형

2 be동사 과거형은 왜 바뀌는지 알아봐요.

✏️ **be동사의 현재형과 과거형은 어떻게 다른가요?**

💡 be동사의 현재형은 am, are, is이지만, be동사의 과거형은 was와 were를 써요.

I	am	a student.	나는 학생이다.
	was		나는 학생이었다.

She	is	at home.	그녀는 집에 있다.
	was		그녀는 집에 있었다.

✏️ **be동사의 과거형은 왜 바뀌나요?**

💡 be동사의 과거형에 각각 어울리는 주어들이 있기 때문이지요.

주어		be동사	
He	그는		
She	그녀는	was	
It	그것은	있었다	at the bank.
You	너는		은행에.
We	우리는	were	
They	그들은	있었다	

be동사는 시제에 따라 달라져요!

과거: was, were
현재: am, are, is

I was a nurse. → You were a nurse.
She was at school. → We were at school.
It was a book. → They were books.

골라 보면 문법이 저절로!

과거인 경우 be동사는 was나 were로 써요.
그리고 주어에 따라 be동사의 과거형을 예상할 수 있답니다.

현재와 과거형의 be동사가 달라요.

be동사 시제 고르기

1 나는 간호사였다.   I [am / was] a nurse.

2 그는 간호사이다.   He [is / was] a nurse.

3 그들은 화가였다.   They [are / were] painters.

4 우리는 화가이다.   We [were / are] painters.

5 그것은 내 책이었다.   It [was / is] my book.

6 그것들은 내 책이다.   They [are / were] my books.

주어에 따라 be동사의 과거형이 달라져요.

be동사의 과거형 고르기

1 She [   ] a writer.   ☑ was   ☐ were

2 We [   ] painters.   ☐ was   ☐ were

3 They [   ] students.   ☐ was   ☐ were

4 I [   ] in the library.   ☐ was   ☐ were

5 He [   ] at the beach.   ☐ was   ☐ were

6 You [   ] at the bus stop.   ☐ was   ☐ were

1

나는 / 였다 / 요리사.

I am / was / were a cook.

나는 / 이다 / 요리사.

I am / was / were a cook.

2

우리는 / 이다 / 가수.

We are / was / were singers.

우리는 / 였다 / 가수.

We are / was / were singers.

3

그는 / 였다 / 운전사.

He is / was / were a driver.

그는 / 이다 / 운전사.

He is / was / were a driver.

4

그녀는 / 이다 / 교수.

She is / was / were a professor.

그녀는 / 였다 / 교수.

She is / was / were a professor.

5

그들은 / 있었다 / 집에.

They are / was / were at home.

그들은 / 있다 / 집에.

They are / was / were at home.

6

우리는 / 있었다 / 빵집에.

We are / was / were at the bakery.

우리는 / 있다 / 빵집에.

We are / was / were at the bakery.

7

그것은 / 있었다 / 소파 위에.

It is / was / were on the sofa.

그것은 / 있다 / 소파 위에.

It is / was / were on the sofa.

8

그녀는 / 있다 / 박물관에.

She is / was / were in the museum.

그녀는 / 있었다 / 박물관에.

She is / was / were in the museum.

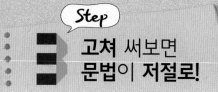

Step 3 고쳐 써보면 문법이 저절로!

주어에 맞게 be동사의 과거형을 바르게 고쳐 문장을 다시 쓰세요.

1 I <u>were</u> a student. → I was a student.

2 She <u>were</u> a pilot. →

3 It <u>were</u> my bag. →

4 They <u>was</u> in the same class. →

5 You <u>was</u> a bus driver. →

6 He <u>were</u> a farmer. →

7 We <u>was</u> basketball players. →

8 I <u>were</u> a scientist. →

 마무리 **해석확인**

① 나는 학생이었다.　　　　② 그녀는 조종사였다.　　　　③ 그것은 내 가방이었다.　　　　④ 그들은 같은 반에 있었다.
⑤ 너는 버스 운전사였다.　　⑥ 그는 농부였다.　　　　　　⑦ 우리는 농구 선수였다.　　　　⑧ 나는 과학자였다.

UNIT
02

be동사 과거형
문장공식

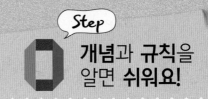

Step

개념과 규칙을
알면 쉬워요!

_____월_____일

1 be동사의 의미는
   시제에 따라 변해요.

✏️ be동사 과거형은 과거를 나타내는 표현과 함께 과거의 일을 나타내요.
be동사 뒤에 오는 것에 따라 **be동사**의 의미도 달라져요.

과거를 나타내는 표현

| We | were 이었다 | students 학생 | last year. |
| 우리는 | were 있었다 | on the same team 같은 팀에 | 작년에. |

2 be동사 다음 단어에
   따라 be동사의
   의미가 바뀌어요.

✏️ 과거를 나타내는 표현들이 있어요.

💡 이 표현들은 문장 속에서 과거를 나타내요.

yesterday → 어제   last week → 지난주
last night → 어젯밤   last year → 작년에
two hours ago → 2시간 전에   before → 전에

| I was in China | last year. | 나는 **작년에** 중국에 있었다. |
| | before. | 나는 **전에** 중국에 있었다. |

| She was in the library | last night. | 그녀는 **어젯밤** 도서관에 있었다. |
| | two hours ago. | 그녀는 **두 시간 전에** 도서관에 있었다. |

✏️ **be동사**의 과거형 다음에 무엇이 오느냐에 따라서 의미가 달라집니다.

💡 직업, 나이, 이름, 성별 등이 올 경우, '~였다, 이었다'의 의미가 돼요.

| I was | a singer. | 나는 **가수**였다. |
| | 12 years old. | 나는 **12살**이었다. |

💡 장소나 소속이 오면, '~에 있었다'의 의미가 돼요.

| She was | at school. | 그녀는 **학교**에 있었다. |
| | in the same group. | 그녀는 **같은 그룹**에 있었다. |

현재를 나타내는 표현에는
now(지금)
right now(바로 지금)
등이 있어.

14

Step
1
골라 보면
문법이 저절로!

시제에 따라 be동사의 현재형과 과거형을 구별해 사용해요.
그리고 be동사 다음에 무엇이 오느냐에 따라 be동사의 의미가 바뀌어요.

시제에 따라 be동사가 달라져요.

be동사의 형태 고르기

1 She _____ a chef before.　　☑ was　☐ were

2 He _____ 11 years old last year.　　☐ is　☐ was

3 They _____ painters now.　　☐ were　☐ are

4 I _____ on the team two years ago.　　☐ is　☐ was

5 It _____ on the chair now.　　☐ was　☐ is

6 It _____ near the table last night.　　☐ is　☐ was

뒤에 무엇이 오느냐에 따라 be동사의 의미가 달라져요.

be동사 과거형의 의미 고르기

1 They were artists.　　☑ 예술가였다　☐ 예술가이다

2 You were 12 years old.　　☐ 12살이었다　☐ 12살이다

3 My friends were good boys.　　☐ 착한 소년들이다　☐ 착한 소년들이었다

4 She was in China.　　☐ 중국에 있다　☐ 중국에 있었다

5 They were at home.　　☐ 집에 있었다　☐ 집에 있다

6 He was at the mall.　　☐ 쇼핑몰에 있다　☐ 쇼핑몰에 있었다

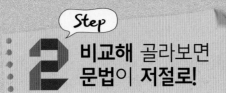

Step 2 비교해 골라보면 문법이 저절로!

다음 두 문장을 확인하고 비교해 보며 be동사 과거형의 알맞은 의미를 고르세요.

1

I was a reporter.

나는 기자 엲다 / 에 있었다 .

I was in the gym.

be동사 과거형 다음에 장소가 오면 '~에 있었다'라는 뜻이에요.

나는 체육관 엲다 / 에 있었다 .

2

We were actors.

우리는 배우 엲다 / 에 있었다 .

We were on the soccer team.

우리는 축구팀 엲다 / 에 있었다 .

3

They were 14 years old.

그들은 14살 이었다 / 에 있었다 .

They were in Korea.

그들은 한국 이었다 / 에 있었다 .

4

She was in the room.

그녀는 방 엲다 / 에 있었다 .

She was a writer.

그녀는 작가 엲다 / 에 있었다 .

5

It was under the desk.

그것은 책상 아래 이었다 / 에 있었다 .

It was a book.

그것은 책 이었다 / 에 있었다 .

6

They were in the same group.

그들은 같은 그룹 엲다 / 에 있었다 .

They were nurses.

그들은 간호사 엲다 / 에 있었다 .

7

He was a singer.

그는 가수 엲다 / 에 있었다 .

He was near my school.

그는 내 학교 근처 엲다 / 에 있었다 .

8

She was at home.

그녀는 집 엲다 / 에 있었다 .

She was a farmer.

그녀는 농부 엲다 / 에 있었다 .

나는 작년에 학생이었다. (be, I, a student, last year)

1 → I was a student last year.

그들은 3년 전에 무용수였다. (3 years ago, they, dancers, be)

2 →

그는 작년에 13살이었다. (13 years old, be, last year, he)

3 →

Jane은 전에 요리사였다. (Jane, before, a cook, be)

4 →

우리는 전에 친구였다. (before, be, friends, we)

5 →

우리 가족은 지난주에 런던에 있었다. (my family, last week, be, in London)

6 →

Mina와 Tony는 작년에 같은 팀이었다. (on the same team, Mina and Tony, be, last year)

7 →

내 친구들은 4년 전에 같은 반에 있었다. (my friends, be, 4 years ago, in the same class)

8 →

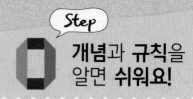

_____월 _____일

1 be동사 과거의 문장 형태를 알아봐요.

✏️ **be동사 과거형 부정문과 의문문의 형태는 다음과 같아요.**

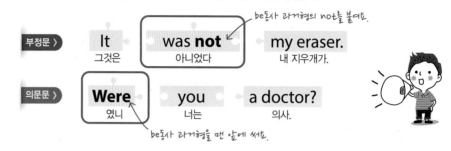

부정문 〉 It was **not** my eraser.
그것은 아니었다 내 지우개가.

be동사 과거형의 not를 붙여요.

의문문 〉 Were you a doctor?
였니 너는 의사.

be동사 과거형을 맨 앞에 써요.

2 be동사 과거의 부정문과 의문문을 알아봐요.

✏️ **be동사 과거형의 부정문은 어떻게 쓸까요?**

💡 〈be동사 과거형+not〉의 형태로, '~이/가 아니었다, ~에 없었다'의 의미가 돼요.

was
were + not

~이/가 아니었다, ~에 없었다

I	was	a farmer.	나는 농부였다.
I	was not	a farmer.	나는 농부가 아니었다.
We	were	at school.	우리는 학교에 있었다.
We	were not	at school.	우리는 학교에 있지 않았다.

*〈be동사의 과거형+not〉은 줄여 쓸 수 있어요.

was not → **wasn't**   were not → **weren't**

✏️ **be동사 과거형 의문문은 어떻게 쓸까요?**

💡 〈be동사+주어~?〉의 형태로, '~였니?, ~에 있었니?'라는 의미가 돼요.

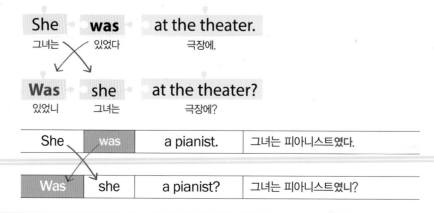

She **was** at the theater.
그녀는 있었다 극장에.

Was she at the theater?
있었니 그녀는 극장에?

| She | was | a pianist. | 그녀는 피아니스트였다. |
| Was | she | a pianist? | 그녀는 피아니스트였니? |

be동사 과거형으로 시작하는
의문문에 대한 대답은

긍정이면 〈Yes, 주어+was/were.〉
부정이면 〈No, 주어 I wasn't/weren't.〉

부정은 축약형으로 써요.

Step 1

골라 보면 문법이 저절로!

부정문인 경우, be동사의 과거형 뒤에 not을 쓰고,
의문문인 경우, 주어 앞에 be동사의 과거형을 써요.

부정문인 경우, be동사 과거형 뒤에 not을 써요.

부정문 고르기

1	우리는 화가가 아니었다.	We [~~were not~~ / not were] painters.
2	그는 웨이터가 아니었다.	He [not was / was not] a waiter.
3	그것은 거울이 아니었다.	It [was not / be not] a mirror.
4	그것은 내 침대가 아니었다.	It [was not / were not] my bed.
5	그녀는 집에 없었다.	She [was not / were not] at home.
6	그들은 체육관에 없었다.	They [was not / were not] in the gym.

의문문인 경우, 맨 앞에 be동사 과거형을 써요.

의문문 고르기

1	그는 13살이었니?	[Was / Is] he 13 years old?
2	그것은 시장이었니?	[Was / Is] it a market?
3	그들은 간호사였니?	[Were / Are] they nurses?
4	너는 부엌에 있었니?	[Was / Were] you in the kitchen?
5	그것은 책상 위에 있었니?	[Were / Was] it on the desk?
6	그녀는 일본에 있었니?	[Were / Was] she in Japan?

①

You were a nurse.

부정문 ➜ You were not(=weren't) a nurse.

의문문 ➜ Were you a nurse?

②

They were sick yesterday.

부정문 ➜

의문문 ➜

③

She was poor many years ago.

'수 년 전에'라는 뜻으로
과거를 나타내요.

부정문 ➜

의문문 ➜

④

Thomas was in the museum.

부정문 ➜

의문문 ➜

⑤

They were 13 years old last year.

부정문 ➜

의문문 ➜

⑥

He was very small two years ago.

부정문 ➜

의문문 ➜

나는 / 아니었다 / 가수가. (a singer)

1 →
I was not(=wasn't) a singer.

그녀는 / 아니었다 / 11살이. (11 years old)

2 →

우리는 / 없었다 / 거실에. (in the living room)

3 →

그것은 / 없었다 / 테이블 위에. (on the table)

4 →

였니 / 네 엄마는 / 교수? (professor)

5 →

였니 / 그들은 / 조종사? (pilots)

6 →

있었니 / Tom은 / 도서관에? (in the library)

7 →

있었니 / 네 아빠는 / 일본에? (in Japan)

8 →

[1~2] 다음 빈칸에 들어갈 알맞은 말을 고르시오.

1

_____ were young before.

① He   ② She   ③ I
④ It   ⑤ We

2

Jack _____ at the beach yesterday.

① were   ② is   ③ was
④ be   ⑤ am

[3~4] 다음 빈칸에 들어갈 알맞은 말을 바르게 짝지은 것을 고르시오.

3

• They _____ on the table last night.
• He _____ 12 years old last year.

① was - were   ② are - is   ③ was - is
④ were - are   ⑤ were - was

4

• _____ was not an artist.
• Were _____ in the living room?

① He - she   ② I - they   ③ You - we
④ She - my teacher   ⑤ Layla - David

[5~6] 다음 문장을 과거형으로 바꿀 때, 올바른 것을 고르시오.

5

We are not in the same group.

① We aren't in the same group.
② We be not in the same group.
③ We weren't in the same group.
④ We is in the same group.
⑤ We isn't in the same group.

6

Are you a painter?

① Were you a painter?   ② Is you a painter?
③ Am you a painter?   ④ Be you a painter?
⑤ Was you a painter?

7 다음 문장 중 어법상 올바른 것은?

① They not were in the classroom.
② Were he a farmer?
③ Was I cute?
④ Was they yours?
⑤ My friends not were on the same team.

8 다음 대화의 빈칸에 들어갈 알맞은 것은?

> A: _____?
> B: No, they weren't.

① Were they late for school?   ② Was David tall?
③ Are your friends at school?   ④ Is it on the table?
⑤ Was she on the soccer team?

서술형
문제

[9~11] 다음을 지시에 따라 바꿔 쓰시오.

9 They were in the same class. (부정문) → _____

10 He is in the 4th grade. (부정문) → _____

11 She was a doctor. (의문문) → _____

12 다음 문장에서 <u>틀린</u> 부분을 찾아 바르게 고치시오.

> Layla and David was in the same church.

_____ → _____

13 다음 대화에서 밑줄 친 부분을 바르게 고치시오.

> A: Where ① was your friends yesterday?
> B: Peter ② were in the library. Sam was in the classroom. Ben ③ not was at school. He ④ were at home.

① _____ → _____
② _____ → _____
③ _____ → _____
④ _____ → _____

Note

PART 2

일반동사 과거형

Unit 1   나는 축구를 했어!

일반동사 과거형 변화공식

나는 축구를 했어!
공이 날아오길래 엄청 빨리 달렸지!

I *played* soccer.
I *ran* very fast.

➕ 단어 미리 Check Up

drop	☐ 줍다	☑ 떨어뜨리다
want	☐ 먹다	☐ 원하다
plan	☐ 계획하다	☐ 일어나다
brush	☐ 닦다	☐ 부수다
hit	☐ 치다	☐ 그리다
open	☐ 닫다	☐ 열다

정답 떨어뜨리다 / 원하다 / 계획하다 / 닦다 / 치다 / 열다

Unit 2 아 맞다! 숙제 안 했다!

일반동사 과거형 부정문, 의문문 공식

야! 너 근데 숙제 했니?
아 맞다!! 축구하다가 잊어버렸어..ㅠㅠ

Did you *do* your homework?
No, I didn't.
I *did not do* my homework.

🚼 단어 미리 Check Up

watch	☐ 보다	☐ 듣다
ride	☐ 수영하다	☐ 타다
stop	☐ 멈추다	☐ 출발하다
visit	☐ 살다	☐ 방문하다
dry	☐ 말리다	☐ 날리다
carry	☐ 달리다	☐ 나르다

Unit 3 청소를 안 했어…

be동사와 일반동사 과거형 구별공식

악! 축구하다가 또 깜빡했어!
이번엔 내 방 청소... 나 어떡하지?!

I *didn't clean* my room.
My mom *was* angry.

🚼 단어 미리 Check Up

garden	☐ 정원	☐ 놀이기구
beach	☐ 산	☐ 해변
homework	☐ 숙제	☐ 시험
soccer player	☐ 농구 선수	☐ 축구 선수
poem	☐ 시	☐ 책
wallet	☐ 지갑	☐ 옷

일반동사 과거형 변화공식

_____월 _____일

1 일반동사의 과거형이 무엇인지 알아봐요.

일반동사의 과거형은 무엇일까요?

일반동사의 과거형은 '~했다'라는 의미로 과거에 이미 있었던 일을 나타내요.

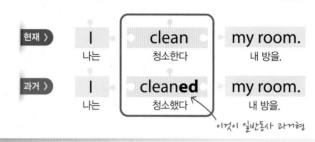

현재 > I 나는　　clean 청소한다　　my room. 내 방을.

과거 > I 나는　　clean**ed** 청소했다　　my room. 내 방을.

이것이 일반동사 과거형

2 일반동사 과거형이 어떻게 바뀌는지 알아봐요.

일반동사의 과거형은 어떻게 **규칙적**으로 바뀌나요?

[규칙 변화 동사의 과거형]

대부분의 동사	-ed를 붙여요.	talk (말하다) → **talked** help (돕다) → **helped** want (원하다) → **wanted**
-e로 끝나는 동사	-d를 붙여요.	like (좋아하다) → **liked** live (살다) → **lived**
〈자음+-y〉로 끝나는 동사	y를 i로 바꾸고 -ed를 붙여요.	study (공부하다) → **studied** cry (울다) → **cried** dry (말리다) → **dried**
〈단모음+단자음〉으로 끝나는 동사	마지막 자음을 한 번 더 쓰고 -ed를 붙여요.	stop (멈추다) → **stopped** drop (떨어뜨리다) → **dropped** plan (계획하다) → **planned**

일반동사의 과거형은 어떻게 **불규칙**하게 바뀌나요?

[불규칙 변화 동사의 과거형]

현재형과 과거형이 동일한 동사들 중 read는 발음에 주의해요.

read[riːd] – read[red]

불규칙하게 변하는 동사	do (하다) → **did** have (가지다) → **had** eat (먹다) → **ate** see (보다) → **saw** run (달리다) → **ran** write (쓰다) → **wrote** tell (말하다) → **told**		go (가다) → **went** make (만들다) → **made** drink (마시다) → **drank** meet (만나다) → **met** take (받다) → **took** draw (그리다) → **drew** give (주다) → **gave**
변하지 않는 동사	read (읽다) → **read** put (놓다) → **put**		cut (자르다) → **cut** hit (치다) → **hit**

과거인 경우 일반동사의 형태가 규칙적으로 변해요.

**일반동사 과거형의
규칙 변화 쓰기**

현재형	과거형	현재형	과거형
talk	talked	dry	
like		want	
cry		plan	
help		stop	
drop		live	
study		brush	

일반동사 과거 형태가 불규칙하게 변하는 동사도 있어요.

**일반동사 과거형의
불규칙 변화 쓰기**

현재형	과거형	현재형	과거형
do	did	write	
make		hit	
give		run	
draw		see	
put		have	
cut		drink	

Step

2 배열하여 써보면
문법이 저절로!

단어를 순서대로 배열하고, 시제에 맞게 일반동사의 형태를 바르게
고쳐 써보세요. 그리고 문장에 맞는 우리말도 함께 써보세요.

①

loudly, cry, the baby,
last night

문장 → The baby cried loudly last night.

우리말 → 그 아기는 어젯밤에 크게 울었다.

②

study, I, Chinese,
yesterday

문장 →

우리말 →

③

my dad, a restaurant,
in 1987, open

문장 →

우리말 →

④

talk, I, last month,
with her

문장 →

우리말 →

⑤

your key, see, we,
two weeks ago

문장 →

우리말 →

⑥

I, my friend, last night,
meet

문장 →

우리말 →

1 Peter plans for his future. → Peter planned for his future.

> plan은 단모음 a와 단자음 n으로 끝나는 동사라서, n을 한 번 더 쓰고 -ed를 붙여 과거형을 만들어요.

2 My family lives in Korea. →

3 They stop the music. →

4 My brother wants milk. →

5 I eat meat. →

6 The bird drinks water. →

7 He writes a letter. →

8 He has dogs. →

마무리 **해석확인**

① Peter는 그의 미래를 계획했다.　② 우리 가족은 한국에서 살았다.　③ 그들은 음악을 멈췄다.　④ 내 남동생은 우유를 원했다.
⑤ 나는 고기를 먹었다.　⑥ 그 새는 물을 마셨다.　⑦ 그는 편지를 썼다.　⑧ 그는 개들을 가지고 있었다.

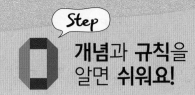

_____월 _____일

---

1 일반동사 과거형의 문장 형태를 알아봐요.

✏️ **일반동사 과거형의 부정문과 의문문의 형태**는 다음과 같아요.

| 부정문 ❯ | She 그녀는 | did not ~하지 않았다 | watch 보다 | TV. TV를. |

| 의문문 ❯ | Did 했니 | she 그녀는 | watch 보다 | TV? TV를? |

---

2 일반동사 과거형의 부정문과 의문문을 알아봐요.

✏️ **일반동사 과거형의 부정문은 어떻게 쓸까요?**

💡 '~하지 않았다'의 의미로, 주어나 동사에 관계없이 〈did not+동사원형〉의 형태로 써요.

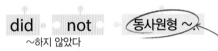

did ~하지 않았다 　 not 　 동사원형 ~

> 동사가 -ed나 -d 등으로 변하지 않은,
> 동사의 원래 형태 자체를 동사원형이라고 해요!

| I | took | a shower. | 나는 샤워했다. |
| I | did not take | a shower. | 나는 샤워하지 않았다. |

* 〈did+not〉은 줄여 쓸 수 있어요! ➜ **didn't**

	did not	
I	‖	wash my face.
	didn't	

(나는 내 얼굴을 씻지 않았다.)

✏️ **일반동사 과거형의 의문문은 어떻게 쓸까요?**

💡 '~했니?'의 의미로, Did와 주어, 그 다음에는 동사의 과거형을 동사원형으로 바꿔 써요.

Did ~했니? 　 주어 　 동사원형 ~?

> 의문문에 대한 대답은
> 긍정이면, 〈Yes, 주어+did.〉
> 부정이면, 〈No, 주어+didn't.〉
> 부정은 didn't으로 줄여 써요.

| | She | watched | TV. | 그녀는 TV를 보았다. |
| Did | she | watch | TV? | 그녀는 TV를 보았니? |

| | They | ate | dinner. | 그들은 저녁을 먹었다. |
| Did | they | eat | dinner? | 그들은 저녁을 먹었니? |

부정문인 경우 〈did not+동사원형〉을 써요.

일반동사 과거형 부정문

		O	X
1	I did not watched TV.	☐ O	☑ X
2	We did not live in Korea.	☐ O	☐ X
3	She did not studying English.	☐ O	☐ X
4	My mom didn't wanted a gift.	☐ O	☐ X
5	I didn't ride a bike.	☐ O	☐ X
6	The baby didn't sleep well.	☐ O	☐ X

의문문인 경우 〈Did+주어+동사원형 ～?〉으로 써요.

일반동사 과거형 의문문

1	Did you swim well?	☑ O	☐ X
2	Did they played tennis?	☐ O	☐ X
3	Did he stopping the bus?	☐ O	☐ X
4	Did you brush your teeth?	☐ O	☐ X
5	Did she washed the dishes?	☐ O	☐ X
6	Did they sing a song?	☐ O	☐ X

①

You washed the spoon.

부정문 → You did not(=didn't) wash the spoon.

의문문 → Did you wash the spoon?

②

Your family lived in Canada.

부정문 →

의문문 →

③

She visited her uncle last week.

부정문 →

의문문 →

④

He dried his hair.

부정문 →

의문문 →

⑤

The students carried the bag.

부정문 →

의문문 →

⑥

Layla danced with her friends.

부정문 →

의문문 →

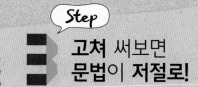
1 I did not ~~ran~~ to my home last night. → I did not run to my home last night.

2 He did not <u>took</u> the violin lesson yesterday. →

3 They did not <u>met</u> my friends last night. →

4 He didn't <u>ate</u> noodles in the morning. →

5 Did Tom <u>had</u> dinner with you yesterday? →

6 Did we <u>played</u> baseball two weeks ago? →

7 Did you <u>watched</u> TV with my family last night? →

8 Did she <u>wanted</u> to buy a new car before? →

마무리 **해석확인**

① 나는 어젯밤 집에 뛰어가지 않았다.　　② 그는 어제 바이올린 수업을 듣지 않았다.　　③ 그들은 어젯밤 내 친구들을 만나지 않았다.
④ 그는 아침에 국수를 먹지 않았다.　　⑤ Tom은 어제 너와 저녁을 먹었니?　　⑥ 우리는 2주 전에 야구를 했니?
⑦ 너는 어젯밤 우리 가족과 TV를 봤니?　　⑧ 그녀는 전에 새 차를 사고 싶어 했니?

be동사와 일반동사 과거형 구별공식

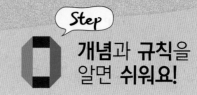

_____월 _____일

1 be동사 과거형과 일반동사 과거형을 비교해 봐요.

✏️ be동사의 과거형과 일반동사의 과거형은 **의미와 문장 형식**에서 **차이**가 있어요.

💡 be동사의 과거형: 단 2개의 동사인 was와 were만 있어요.

was/were
~였다, 있었다
→ I was a singer.
(나는 가수였다.)

💡 일반동사의 과거형: 무수히 많은 동사가 있어요.

talked, lived...
이야기했다, 살았다...
→ I talked with my mom.
(나는 우리 엄마와 이야기했다.)

2 be동사 과거형과 일반동사 과거형이 어떻게 다른지 알아봐요.

✏️ be동사의 과거형과 일반동사의 과거형은 **다음과 같은 차이**가 있어요.

be동사의 과거형		일반동사의 과거형	
→ 주어에 의해 동사가 변합니다.		→ 주어에 관계없이 동사 자체가 변합니다.	
I / She / He / It이 주어일 때	You / We / They가 주어일 때	**규칙** 변화	**불규칙** 변화
동사는 **was**	동사는 **were**	talk**ed** lived studi**ed** drop**ped** ...	read went drank gave ...

✏️ be동사 과거형과 일반동사 과거형의 **긍정문, 부정문, 의문문** 형태가 달라요.

	be동사의 과거형	일반동사의 과거형
긍정문	주어+was/were ~. **She was a kid.**	주어+일반동사의 과거형 ~. **I watched TV.**
부정문	주어+ was/were + not (=wasn't / weren't) ~. **She wasn't a kid.**	주어+ did not (=didn't) + 동사원형 ~. **I didn't watch TV.**
의문문	Was/Were+주어 ~? **Was she a kid?**	Did+주어+동사원형 ~? **Did you watch TV?**

과거형 문장에서
'~였다, ~에 있었다'는 be동사의 과거형을,
'~했다'는 일반동사의 과거형을 써요.

be동사의 과거형과 일반동사의 과거형은
의미와 문장 형태가 달라요.

의미에 주의하여 be동사와 일반동사를 구별해요.

be동사와 일반동사 구별하기

1 나는 책을 읽었다.

I [was / read] a book.

2 그녀는 저녁을 요리했다.

She [was / cooked] dinner.

3 우리 엄마는 간호사였다.

My mom [was / played] a nurse.

4 너는 학교에 있었다.

You [were / ate] at school.

5 그는 그림을 (물감으로) 그렸다.

He [was / painted] pictures.

6 나는 큰 정원을 가지고 있었다.

I [was / had] a big garden.

be동사 과거형과 일반동사 과거형은 문장 형태가 달라요.

be동사와 일반동사 구별하기

1 그녀는 학생이 아니었다.

She [   ] a student.

☑ wasn't　　☐ didn't

2 그들은 피아노를 치지 않았다.

They [   ] the piano.

☐ weren't play　　☐ didn't play

3 나는 친구를 만나지 않았다.

I [   ] my friend.

☐ wasn't meet　　☐ didn't meet

4 그들은 피자를 만들었니?

[   ] they make pizza?

☐ Did　　☐ Were

5 너는 가수였니?

[   ] you a singer?

☐ Did　　☐ Were

6 그는 해변에 있었니?

[   ] he at the beach?

☐ Did　　☐ Was

1

그들은 / 했다 / 그들의 숙제를.

homework(숙제) 앞에
→ 소유격을 써서 '~의 숙제'
라고 나타내요.

They [were / ⓓid] their homework.

그들은 / 였다 / 농부.

They [ⓦere / did] farmers.

2

그녀는 / 였다 / 축구 선수.

She [was / played] a soccer player.

그녀는 / 했다 / 축구를.

She [was / played] soccer.

3

그것들은 / 이었다 / 바나나들.

They [ate / were] bananas.

너는 / 먹었다 / 바나나들을.

You [ate / were] bananas.

4

그는 / 말렸다 / 그의 머리카락을.

He [was / dried] his hair.

그는 / 있었다 / 그 시장에.

He [was / dried] at the market.

5

너는 / 연주하지 않았다 / 피아노를.

You [didn't play / weren't] the piano.

너는 / 아니었다 / 피아니스트가.

You [didn't play / weren't] a pianist.

6

그는 / 사용하지 않았다 / 그의 가방을.

He [wasn't / didn't use] his bag.

그것은 / 아니었다 / 그의 가방이.

It [wasn't / didn't use] his bag.

7

그는 / 없었다 / 그 도서관에.

He [wasn't / didn't carry] in the library.

그는 / 들지 않았다 / 그 가방을.

He [wasn't / didn't carry] the bag.

8

우리는 / 없었다 / 그 박물관에.

We [didn't wash / weren't] in the museum.

우리는 / 씻기지 않았다 / 그 개를.

We [didn't wash / weren't] the dog.

너는 / 였다 / 작가. (a writer)

1 → You were a writer.

그녀는 / 있었다 / 일본에. (in Japan)

2 →

네 친구는 / 썼다 / 시를. (write, a poem)

3 →

Jane은 / 만났다 / 우리 엄마를. (meet, my mom)

4 →

나는 / 아니었다 / 가수가. (a singer)

5 →

그는 / 없었다 / 그 은행에. (at the bank)

6 →

내 남동생은 / 떨어뜨리지 않았다 / 그의 지갑을. (drop, his wallet)

7 →

나는 / 마시지 않았다 / 우유를. (drink, milk)

8 →

[1~2] 다음 빈칸에 들어갈 알맞은 말을 고르시오.

1

| I _____ in Korea last year. |

① lives   ② live   ③ living

④ lived   ⑤ were

2

| I _____ your dog yesterday. |

① see   ② saw   ③ seed

④ am   ⑤ were

[3~4] 다음 중 동사의 현재형과 과거형이 **틀린** 것을 고르시오.

3 ① take – took   ② drink – drank

③ study – studied   ④ talk – talked

⑤ stop – stoped

4 ① have – haved   ② do – did

③ run – ran   ④ put – put

⑤ eat – ate

[5~6] 다음 문장을 과거형으로 바르게 바꾼 것을 고르시오.

5

| I don't eat apples. |

① I didn't eated apples.

② I did not eating apples.

③ I did not ate apples.

④ I didn't eats apples.

⑤ I didn't eat apples.

6

| Does she talk with my father? |

① Did she talking with my father?

② Did she talked with my father?

③ Did she talk with my father?

④ Were she talked with my father?

⑤ Was she talk with my father?

7 다음 문장 중 어법상 올바른 것은?

① I read a newspaper yesterday.

② The boy not did run fast.

③ They didn't went home early.

④ Did you saw my friends?

⑤ Did the baby cried?

8 다음 대화의 빈칸에 들어갈 알맞은 것은?

> A: _____?
>
> B: No, they didn't.

① Did you fly the kite? ② Did she have lunch?

③ Did they eat meat? ④ Did you want some water?

⑤ Did your friend live in Japan?

서술형 문제

[9~11] 다음을 지시에 따라 바꿔 쓰시오.

9 We opened the window. (부정문) → _____

10 He met my friends. (부정문) → _____

11 You drank water. (의문문) → _____

12 괄호 안의 단어를 올바른 형태로 고치고 문장을 완성하시오.

> We (write) a letter yesterday. → _____

13 다음 글에서 틀린 부분을 찾아 바르게 고치시오.

> My friends and I ① play at the park yesterday. We ② ride a bike. We ③ take a picture, too. But we ④ not did fly a kite.

① _____ → _____

② _____ → _____

③ _____ → _____

④ _____ → _____

PART

3

진행형

Unit 1 나랑 놀아줘~

진행형 변화공식

아오 심심해~
나랑 놀 사람?
나비야~ 나랑 놀아줘~~

The butterfly *is flying*.
I *am playing* with the butterfly.

➕ **단어 미리 Check Up**

cook	☐ 음식	☑ 요리하다
push	☐ 당기다	☐ 밀다
fix	☐ 고치다	☐ 떨어뜨리다
bake	☐ 굽다	☐ 빵집
sandwich	☐ 샌드위치	☐ 피자
catch	☐ 놓치다	☐ 잡다

정답 요리하다 / 밀다 / 고치다 / 굽다 / 샌드위치 / 잡다

내 단잠을 깨운 게 너냐?!

머하고 있니?

현재진행형과 과거진행형 변화공식

음냐음냐... 아 한참 잘 자고 있었는데...
누가 이렇게 시끄럽게 울고 있는 거야~
거기 새! 너냐?!

I *was sleeping*.
The bird *is singing*.

진행형 부정문, 의문문 공식

공부 잘 하고 있니?
머야?! 공부하랬더니 자고 있냐?!
몰라 몰라... 나는 자는 중... zzz

Are you *studying*?
No, I am not. I *am not studying*.

➕ 단어 미리 Check Up

newspaper	☐ 백과사전	☐ 신문
breakfast	☐ 아침 식사	☐ 저녁 식사
fruit	☐ 과일	☐ 채소
Chinese	☐ 중국어	☐ 일본어
student	☐ 교사	☐ 학생
tie a rope	☐ 줄을 풀다	☐ 줄을 묶다

➕ 단어 미리 Check Up

soup	☐ 빵	☐ 수프
party	☐ 파티	☐ 해변
paint a wall	☐ 벽을 부수다	☐ 벽에 페인트를 칠하다
move	☐ 옮기다	☐ 버리다
stage	☐ 무대	☐ 춤
use	☐ 던지다	☐ 사용하다

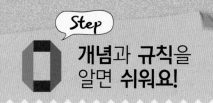
___월___일

1 먼저 진행형이 무엇인지 알아봐요.

✏️ 진행형은 '~하고 있(었)다'의 의미로, 어느 시점에서 진행 중인 동작을 나타내요.

💡 〈be동사+동사원형+-ing〉의 형태예요.

I
나는

swim.
수영한다.

I
나는

am   swimming.
수영하고 있다.

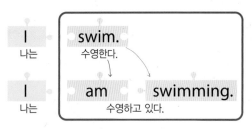

2 진행형이 어떻게 바뀌는지 알아봐요.

✏️ 진행형은 어떻게 쓰나요?

💡 be동사 다음에 〈동사원형+-ing〉형을 써서, 진행하고 있는 일을 나타내요.

be동사   동사원형+-ing
~하고 있(었)다

| I | go | to school. | 나는 학교에 간다. |
| | am going | | 나는 학교에 가고 있다. |

| He | cuts | the paper. | 그는 그 종이를 자른다. |
| | is cutting | | 그는 그 종이를 자르고 있다. |

✏️ 〈동사원형 + -ing〉형이 어떻게 바뀌나요?

💡 〈동사원형+-ing〉형

대부분의 동사	동사원형에 –ing를 붙여요.	read (읽다) → **reading** go (가다) → **going** sing (노래하다) → **singing**
〈자음+-e〉로 끝나는 동사	마지막 e를 없애고 –ing를 붙여요.	come (오다) → **coming** give (주다) → **giving** make (만들다) → **making**
〈단모음+단자음〉으로 끝나는 동사	마지막 자음을 한 번 더 쓰고 –ing를 붙여요.	stop (멈추다) → **stopping** cut (자르다) → **cutting** swim (수영하다) → **swimming**
–le로 끝나는 동사	–ie를 –y로 바꾸고 –ing를 붙여요.	lie (눕다) → **lying** tie (묶다) → **tying**

〈진행형이 될 수 있는 동사〉
동작을 나타내는 동사
ex) eat(먹다), wash(씻다)

〈진행형이 될 수 없는 동사〉
감정이나 소유를 나타내는 동사
ex) love(사랑하다)

동사별로 〈동사원형 + -ing〉형을 적용해 보세요.

〈동사원형 + -ing〉형 쓰기

현재형	진행형	현재형	진행형
read	reading	give	
come		lie	
swim		sing	
go		stop	
make		cut	
tie		fix	
drink		play	
cook		eat	
clean		bake	
study		write	
ride		drive	
tell		work	
visit		open	
sit		dance	
draw		wash	
push		put	

1

Paul은 / 먹는다 / 샌드위치를.

Paul ~~eats~~ / is eating sandwiches.

Paul은 / 먹고 있다 / 샌드위치를.

Paul eats / ⟨is eating⟩ sandwiches.

2

그들은 / 가고 있다 / 학교에.

They go / are going to school.

그들은 / 간다 / 학교에.

They go / are going to school.

3

그녀는 / 수영한다 / 해변에서.

She swims / is swimming at the beach.

그녀는 / 수영하고 있다 / 해변에서.

She swims / is swimming at the beach.

4

그는 / 시청하고 있다 / TV를.

He watches / is watching TV.

그는 / 시청한다 / TV를.

He watches / is watching TV.

5

Min은 / 마시고 있다 / 주스를.

Min drinks / is drinking juice.

Min은 / 마신다 / 주스를.

Min drinks / is drinking juice.

6

우리는 / 간다 / 산에.

We go / are going to the mountain.

우리는 / 가고 있다 / 산에.

We go / are going to the mountain.

7

그들은 / 하고 있다 / 컴퓨터 게임을.

They play / are playing the computer game.

그들은 / 한다 / 컴퓨터 게임을.

They play / are playing the computer game.

8

나는 / 청소한다 / 그 방을.

I clean / am cleaning the room.

나는 / 청소하고 있다 / 그 방을.

I clean / am cleaning the room.

1

are tying, they, ribbons

문장 → They are tying ribbons.

우리말 → 그들은 리본을 묶고 있다.

2

I, the paper, am cutting

문장 →

우리말 →

3

is making, spaghetti, my mom

문장 →

우리말 →

4

is waiting, he, for the bus

문장 →

우리말 →

5

→ catch는 '잡다'라는 의미에요.

are catching, we, butterflies

문장 →

우리말 →

6

is lying, Sam, on the bed

문장 →

우리말 →

45

현재진행형과 과거진행형 변화공식

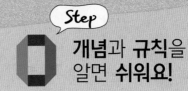

_____월 _____일

1 먼저 진행형에 대해 알아봐요.

✏ 진행형에는 **현재진행형**과 **과거진행형**이 있어요.

| 현재진행형 〉 | am/is/are + -ing |
| 과거진행형 〉 | was/were + -ing |

2 현재진행형과 과거진행형에 대해 알아봐요.

✏ **현재진행형**이란 무엇일까요?

💡 현재 진행 중인 동작이나 일을 나타내는 것으로, '~하고 있다'라는 의미가 있어요.

They **are** **drinking** **water.**
그들은   마시고 있다   물을.

💡 주어에 따라 〈am/is/are+-ing〉로 나뉘어요.

주어		be동사의 현재형	동사원형+-ing
I	나는	am	
She	그녀는		
He	그는	is	dancing.
It	그것은		춤추고 있다.
We	우리는	are	
They	그들은		

✏ **과거진행형**이란 무엇일까요?

💡 과거에 진행 중이었던 동작이나 일을 나타내며, '~하고 있었다'라는 의미가 있어요.

They **were** **studying** **English.**
그들은   공부하고 있었다   영어를.

💡 주어에 따라 〈was/were+-ing〉로 나뉘어요.

주어		be동사의 과거형	동사원형+-ing
I	나는		
She	그녀는	was	
He	그는		sleeping.
It	그것은		자고 있었다.
We	우리는	were	
They	그들은		

> 현재진행형과 과거진행형의 차이는 be동사의 시제를 보면 알 수 있어요.

진행형 시제에 따라 의미가 변해요.

현재진행형과 과거진행형

1 그들은 자고 있다.

They (are)/ were sleeping.

2 우리 아빠는 자전거를 고치고 있다.

My dad was / is fixing my bike.

3 그녀는 저녁을 요리하고 있었다.

She is / was cooking dinner.

4 나는 기타를 연주하고 있었다.

I was / am playing the guitar.

5 우리는 물을 마시고 있다.

We are / were drinking water.

6 그들은 책을 읽고 있었다.

They are / were reading a book.

진행형 시제에 따라 형태가 변해요.

현재진행형과 과거진행형

1 그녀는 TV를 보고 있었다.
She watches TV.

☑ was watching   ☐ is watching

2 그들은 의자를 밀고 있다.
They push chairs.

☐ were pushing   ☐ are pushing

3 엄마는 신문을 읽고 있다.
Mom reads a newspaper.

☐ is reading   ☐ was reading

4 그들은 자전거를 타고 있었다.
They ride bikes.

☐ were riding   ☐ are riding

5 나는 사과를 먹고 있다.
I eat apples.

☐ was eating   ☐ am eating

6 Kate는 아침을 만들고 있었다.
Kate makes breakfast.

☐ is making   ☐ was making

1

They are cooking dinner.

그들은 저녁을 [요리하고 있다 / 요리하고 있었다] .

They were cooking dinner.

그들은 저녁을 [요리하고 있다 / 요리하고 있었다] .

2

She is cleaning the classroom.

그녀는 교실을 [청소하고 있다 / 청소하고 있었다] .

She was cleaning the classroom.

그녀는 교실을 [청소하고 있다 / 청소하고 있었다] .

3

We were buying fruits.

우리는 과일을 [사고 있다 / 사고 있었다] .

We are buying fruits.

우리는 과일을 [사고 있다 / 사고 있었다] .

4

Jack is baking bread.

Jack은 빵을 [굽고 있다 / 굽고 있었다] .

Jack was baking bread.

Jack은 빵을 [굽고 있다 / 굽고 있었다] .

5

I was drinking milk.

나는 우유를 [마시고 있다 / 마시고 있었다] .

I am drinking milk.

나는 우유를 [마시고 있다 / 마시고 있었다] .

6

They are washing their hands.

그들은 그들의 손을 [씻고 있다 / 씻고 있었다] .

They were washing their hands.

그들은 그들의 손을 [씻고 있다 / 씻고 있었다] .

7

→ '신문'이라는 뜻이에요.

She was reading a newspaper.

그녀는 신문을 [읽고 있다 / 읽고 있었다] .

She is reading a newspaper.

그녀는 신문을 [읽고 있다 / 읽고 있었다] .

8

They were studying Korean.

그들은 한국어를 [공부하고 있다 / 공부하고 있었다] .

They are studying Korean.

그들은 한국어를 [공부하고 있다 / 공부하고 있었다] .

1 Layla는 사진을 찍고 있다. (take, Layla, pictures)
→ Layla is taking pictures.

2 내 남동생은 빨리 달리고 있다. (my brother, fast, run)
→

3 그 학생들은 중국어를 공부하고 있다. (Chinese, the students, study)
→

4 그들은 학교에 가고 있다. (to school, they, go)
→

5 내 친구는 자전거를 타고 있었다. (a bike, my friend, ride)
→

6 나는 줄을 묶고 있었다. (I, a rope, tie)
→

7 David는 TV를 보고 있었다. (watch, David, TV)
→

8 우리 엄마는 점심을 요리하고 있었다. (lunch, my mom, cook)
→

_____월 _____일

1 진행형의 문장 형태를 알아봐요.

진행형의 부정문과 의문문의 형태는 다음과 같아요.

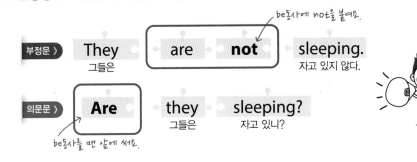

be동사에 not을 붙여요.

부정문 〉 They are **not** sleeping.
그들은 자고 있지 않다.

의문문 〉 **Are** they sleeping?
그들은 자고 있니?

be동사를 맨 앞에 써요.

2 진행형의 부정문과 의문문을 알아봐요.

진행형의 부정문은 어떻게 쓸까요?

'~하고 있지 않(았)다'의 의미로, be동사와 〈동사원형+-ing〉 사이에 not을 써요.

be동사 not 동사원형+-ing
~하고 있지 않(았)다

| I | am | **playing** | the guitar. | 나는 기타를 연주하고 있다. |
| I | am not | **playing** | the guitar. | 나는 기타를 연주하고 있지 않다. |

진행형의 의문문은 어떻게 쓸까요?

'~하고 있(었)니?'의 의미로, 〈be동사+주어+동사원형+-ing ~?〉의 형태로 써요.

긍정문 〉 She is(was) fixing the car.
그녀는 고치고 있(었)다 차를.

의문문 〉 Is(Was) she fixing the car?
그녀는 고치고 있(었)니 차를?

진행형의 의문문에 대한 대답은 긍정이면 〈Yes, 주어+be동사.〉 부정이면 〈No, 주어+be동사+not.〉 부정은 줄임형으로 써요.

| They | are | moving | chairs. | 그들은 의자를 옮기고 있다. |
| Are | they | moving | chairs? | 그들은 의자를 옮기고 있니? |

| She | was | pushing | the car. | 그녀는 차를 밀고 있었다. |
| Was | she | pushing | the car? | 그녀는 차를 밀고 있었니? |

부정문인 경우 be동사 다음에 not을 써요.

진행형의 부정문 고르기

1 They [____] meat.

☑ are not eating ☐ are eating not

2 She [____] a picture.

☐ is drawing not ☐ is not drawing

3 We [____] the piano.

☐ aren't playing ☐ are playing not

4 You [____] a newspaper.

☐ not were reading ☐ were not reading

5 My mom [____] soup.

☐ was not making ☐ was making not

6 I [____] a party.

☐ wasn't having ☐ not was having

의문문인 경우 be동사를 문장 맨 앞에 쓰고, 주어 다음 진행형을 써요.

진행형의 의문문 고르기

1 그녀는 편지를 쓰고 있니?

☑ Is she writing a letter?
☐ Is writing she a letter?

2 그들은 음악을 듣고 있니?

☐ Are they listening to the music?
☐ Are listening they to the music?

3 그는 우리집에 오고 있니?

☐ Is coming he to my house?
☐ Is he coming to my house?

4 그는 수영을 하고 있었니?

☐ Was he swimming?
☐ He swimming was?

5 너는 줄을 묶고 있었니?

☐ Tying were you a rope?
☐ Were you tying a rope?

6 그녀는 자고 있었니?

☐ Was sleeping she?
☐ Was she sleeping?

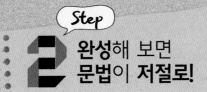
1 I (be, not, paint) the wall.
(현재진행형의 부정문) → I am not painting the wall.

2 She (be, not, ride) a bike.
(현재진행형의 부정문) →

3 Kate (be, not, fix) the
computer. (과거진행형의 부정문) →

4 We (be, not, make) pizza.
(과거진행형의 부정문) →

5 (Be) my brother (move)
the chair? (현재진행형의 의문문) →

6 (Be) your mom (drive) a
car? (현재진행형의 의문문) →

7 (Be) they (talk) with my
mom? (과거진행형의 의문문) →

8 (Be) he (walk) in the
garden? (과거진행형의 의문문) →

→ garden은 '정원'이라는 뜻이며 in the
garden은 '정원에서'라는 의미가 돼요.

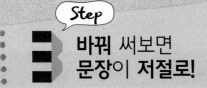

1 He is dancing on the stage now.

부정문 → He is not(=isn't) dancing on the stage now.

의문문 → Is he dancing on the stage now?

2 Tim is sleeping on the bed now.

부정문 →

의문문 →

3 He is doing his homework right now.

부정문 →

의문문 →

4 They were sitting on the chairs yesterday.

부정문 →

의문문 →

5 You were using this pen last night.

부정문 →

의문문 →

6 She was singing a song two hours ago.

부정문 →

의문문 →

[1~2] 다음 빈칸에 들어갈 알맞은 말을 고르시오.

1

I am _____ English now.

① study   ② studies   ③ studied
④ studying   ⑤ not study

2

They _____ a song yesterday.

① were sing   ② were singing   ③ was singing
④ is singing   ⑤ are singging

[3~4] 다음 빈칸에 들어갈 알맞은 말을 바르게 짝지은 것을 고르시오.

3

• She is _____ the paper.
• The girl was _____ home.

① cuting - coming   ② cutting - comming
③ cuting - comming   ④ cutting - coming
⑤ cuting - come

4

• They _____ reading a book last night.
• He _____ swimming now.

① are - was   ② were - is   ③ were - was
④ was - were   ⑤ is - were

[5~6] 다음 우리말을 영어로 옮길 때, 올바른 것을 고르시오.

5

그녀는 줄을 묶고 있니?

① Was she tieing a rope?   ② Is she tieing a rope?
③ Were she tying a rope?   ④ Was she tying a rope?
⑤ Is she tying a rope?

6

나는 그때 점심을 먹고 있지 않았다.

① I was not eating lunch then.
② I am not eating lunch then.
③ I did not eating lunch then.
④ I didn't eating lunch then.
⑤ I were not eating lunch then.

Note

7 다음 문장 중 어법상 올바른 것은?

① Are they using the table?

② I not am doing my homework.

③ We was not dancing.

④ The boy was sleepping.

⑤ They was sing a song.

8 다음 대화의 빈칸에 들어갈 알맞은 것은?

> A: _____?
>
> B: No, she isn't.

① Is she eating oranges?　② Did she eat oranges?

③ Was she eating oranges?　④ Is he eating oranges?

⑤ Were you eating oranges?

서술형 문제

[9~11] 다음을 지시에 따라 바꿔 쓰시오.

9 We are drinking milk. (부정문)　→ _____

10 He was riding a bike. (부정문)　→ _____

11 You are writing a book. (의문문)　→ _____

12 괄호 안의 단어를 <u>과거진행형</u> 형태로 고치고 문장을 완성하시오.

> We (take) pictures yesterday.　→ _____

13 다음 글에서 밑줄 친 부분을 바르게 고치시오.

> I am in the library now. David ① was reading an English book. Sam ② is studieng for the test. Jim ③ is doing not his homework now. He ④ is talk with his friends.

① _____ → _____

② _____ → _____

③ _____ → _____

④ _____ → _____

미래형

Unit 1 나는 꿈꾸는 중!

미래형 변화공식 1

음냐음냐...
내일은 내가 좋아하는
햄버거도 먹고 콜라도 마셔야지~

I *will* have a burger.
I *will* drink coke.

➕ 단어 미리 Check Up

tomorrow	☑ 내일	☐ 오늘
tonight	☐ 어젯밤	☐ 오늘 밤
next week	☐ 다음 주	☐ 지난주
letter	☐ 사진	☐ 편지
clean	☐ 어지르다	☐ 청소하다
restaurant	☐ 병원	☐ 식당

정답 내일 / 오늘 밤 / 다음 주 / 편지 / 청소하다 / 식당

미래형 변화공식 2

시험 끝나고 머 하지?
친구들이랑 쇼핑이나 할까?

We *are going to* go shopping.
We *are going to* buy a skirt.

🌟 단어 미리 Check Up

uncle	☐ 삼촌	☐ 사촌
email	☐ 이메일	☐ 인터넷
eraser	☐ 편지	☐ 지우개
join	☐ 나오다	☐ 가입하다
change	☐ 버리다	☐ 바꾸다
menu	☐ 메뉴	☐ 종이

정답 삼촌 / 이메일 / 지우개 / 가입하다 / 바꾸다 / 메뉴

미래형 부정문, 의문문 공식

오! 이 케이크는 누가 먹을 거지?
아빠께서 드실 케이크인가?
아니면 엄마께서 드실 건가?

Will my dad eat this cake?
Is my mom *going to* eat this cake?

🌟 단어 미리 Check Up

club	☐ 동아리	☐ 교실
table tennis	☐ 탁구	☐ 농구
take a lesson	☐ 수업을 받다	☐ 수업을 하다
sleep early	☐ 늦게 자다	☐ 일찍 자다
jogging	☐ 조깅	☐ 뜀틀
unhealthy	☐ 건강에 해로운	☐ 건강에 이로운

정답 동아리 / 탁구 / 수업을 받다 / 일찍 자다 / 조깅 / 건강에 해로운

미래형 변화공식 1

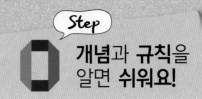

_____ 월 _____ 일

1 먼저 미래형 will이 무엇인지 알아봐요.

✏️ 미래형은 '~할 것이다'의 의미로, 일어날 일의 예측이나 계획을 나타내요.

💡 〈will + 동사원형〉의 형태예요.

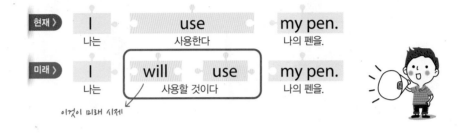

| 현재 > | I 나는 | use 사용한다 | my pen. 나의 펜을. |

| 미래 > | I 나는 | will use 사용할 것이다 | my pen. 나의 펜을. |

이것이 미래 시제!

2 미래형 will은 어떻게 쓰이는지 알아봐요.

✏️ 미래형은 문장 안에서 **주어**와 **동사원형** 사이에 **will**을 써서 만들어요.

주어 will 동사원형 ~.
~할 것이다

I **will meet** many friends. ← I **meet** many friends.
(나는 많은 친구들을 만날 것이다.) (나는 많은 친구들을 만난다.)

I **will read** many books. ← I **read** many books.
(나는 많은 책들을 읽을 것이다.) (나는 많은 책들을 읽는다.)

✏️ **과거, 현재, 미래 시제는 어떻게 바뀌나요?**

💡 동사의 형태로 시제가 바뀌어요.

과거 시제	I **cleaned** the room.	나는 그 방을 **청소했다**.
현재 시제	I **clean** the room.	나는 그 방을 **청소한다**.
미래 시제	I **will clean** the room.	나는 그 방을 **청소할 것이다**.

💡 때를 나타내는 표현으로 시제가 바뀌어요.

과거 시제	last week (지난주), yesterday (어제), before (전에)
현재 시제	now (지금), right now (바로 지금)
미래 시제	tomorrow (내일), later (나중에), tonight (오늘 밤), next week (다음 주)

〈주어+will〉 줄임말

I will ➡ I'll	You will ➡ You'll	She will ➡ She'll
He will ➡ He'll	It will ➡ It'll	We will ➡ We'll
They will ➡ They'll		

미래 시제 will이 들어간 문장은 주어에 관계없이 무조건 〈주어+will+동사원형 ~.〉임을 기억하세요.

58

미래 시제에 맞게 will을 써서 미래형 문장을 만들 수 있어요.
그리고 때를 나타내는 부사(구)를 보면 문장의 시제를 알 수 있어요.

will을 써서 미래형 문장을 만들 수 있어요.

미래 시제 고르기

1 나는 과일을 살 것이다.

I (will buy)/ buy will fruits.

2 그녀는 자전거를 탈 것이다.

She will riding / will ride a bike.

3 그것은 헤엄쳐 가버릴 것이다.

It will swimming / will swim away.

4 그들은 그 책상을 수리할 것이다.

They will fix / will fixed the desk.

5 우리는 저녁을 먹을 것이다.

We will ate / will eat dinner.

6 나는 야구를 할 것이다.

I will play / will played baseball.

부사(구)를 보면 시제를 알 수 있어요.

시제 고르기

1 He visited his uncle yesterday.

☐ 현재 ☑ 과거 ☐ 미래

2 He will sell his bike next week.

☐ 현재 ☐ 과거 ☐ 미래

3 He will exercise tonight.

☐ 현재 ☐ 과거 ☐ 미래

4 He saw a doctor last week.

☐ 현재 ☐ 과거 ☐ 미래

5 He will go home later.

☐ 현재 ☐ 과거 ☐ 미래

6 He is taking a photo right now.

☐ 현재 ☐ 과거 ☐ 미래

1

우리 엄마는 / 좋아한다 / 내 친구들을.

My mom (likes) will like my friends.

우리 엄마는 / 좋아할 것이다 / 내 친구들을.

My mom likes (will like) my friends.

2

그는 / 청소한다 / 자기 방을.

He cleans / will clean his own room.

그는 / 청소할 것이다 / 자기 방을.

He cleans / will clean his own room.

own은 '자신의'라는 의미예요.

3

나는 / 잘 것이다 / 일찍.

I sleep / will sleep early.

나는 / 잔다 / 일찍.

I sleep / will sleep early.

4

너는 / 간다 / 집에 / 일찍.

You go / will go home early.

너는 / 갈 것이다 / 집에 / 일찍.

You go / will go home early.

5

그들은 / 먹을 것이다 / 생선을.

They eat / will eat fish.

그들은 / 먹는다 / 생선을.

They eat / will eat fish.

6

그는 / 열 것이다 / 식당을.

He opens / will open a restaurant.

그는 / 연다 / 식당을.

He opens / will open a restaurant.

7

Yumi는 / 쓴다 / 편지를.

Yumi writes / will write letters.

Yumi는 / 쓸 것이다 / 편지를.

Yumi writes / will write letters.

8

그녀는 / 찍는다 / 사진을.

She takes / will take pictures.

그녀는 / 찍을 것이다 / 사진을.

She takes / will take pictures.

60

과거 시제 → Last year, she was 12 years old.

1 **현재 시제 →** Now, she is 13 years old.

미래 시제 → Next year, she will be 14 years old.

→ will 다음에 동사원형인 be를 써요.

과거 시제 → Last week, we were in Canada.

2 **현재 시제 →** This week, [＿＿＿＿＿] in the U.S.

미래 시제 → Next week, [＿＿＿＿＿] in Korea.

과거 시제 → Last month, [＿＿＿＿＿] baseball games.

3 **현재 시제 →** Now, he watches soccer games.

미래 시제 → Next month, [＿＿＿＿＿] basketball games.

과거 시제 → Yesterday, [＿＿＿＿＿] to Ulsan.

4 **현재 시제 →** Today, they take a train to Busan.

미래 시제 → Tomorrow, [＿＿＿＿＿] to Seoul.

과거 시제 → Last year, [＿＿＿＿＿] comic books.

5 **현재 시제 →** Now, I read books.

미래 시제 → Next year, [＿＿＿＿＿] newspapers.

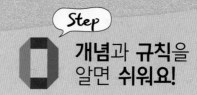
_____월 _____일

1 다른 미래형인 be going to를 알아봐요.

❷ 미래형 be going to는 무엇일까요?

💡 will처럼 be going to도 '~할 것이다, ~할 예정이다'라는 의미로, 앞으로 일어날 일이나 계획, 미래에 대한 예측을 나타내요.

| I | often | visit | my uncle. |
| 나는 | 종종 | 방문한다 | 내 삼촌을. |

| I | am going to | visit | my uncle. |
| 나는 | 방문할 것이다 | | 내 삼촌을. |

이것이 미래 시제 be going to

2 be going to는 어떻게 쓰이는지 알아봐요.

❷ 미래형 문장 형태는 be going to를 써서 어떻게 바뀌나요?

💡 미래형 be going to는 문장 안에서 동사원형과 함께 써요.

| 주어 | be going to | 동사원형 ~. |
| | ~할 것이다 | |

She **is going to** buy a hat.
(그녀는 모자를 살 것이다.)
← She **buys** a hat.
(그녀는 모자를 산다.)

You **are going to** play the piano.
(너는 피아노를 연주할 것이다.)
← You **play** the piano.
(너는 피아노를 연주한다.)

> 〈주어+be going to〉는 줄여 쓸 수 있어요.
>
> I am going to ➡ I'm going to
> You/We/They are going to
> ➡ You're/We're/They're going to
> He/She/It is going to
> ➡ He's/She's/It's going to

❷ 미래 시제 문장에서 will이나 be going to 중 하나를 선택해서 쓸 수 있어요.

> 〈be going to+장소〉의 경우, 미래 시제가 아니라 go(가다)의 진행형 문장이 돼요.
> I **am going to** the bank.
> (나는 은행에 가고 있다.)
>
> go(가다)의 미래형 문장은 다음과 같아요.
> I **am going to** go to the bank.
> (나는 은행에 갈 것이다.)

| will | = | be going to |

I write emails.	나는 이메일을 쓴다.
I will write an email. =I am going to write an email.	나는 이메일을 쓸 것이다.
He uses my eraser.	그는 내 지우개를 쓴다.
He will use my eraser. =He is going to use my eraser.	그는 내 지우개를 쓸 것이다.

골라 보면
문법이 저절로!

be going to를 써서 미래형 문장을 만들 수 있어요.
will과 be going to는 동일한 의미로 둘 다 미래 시제를 나타내요.

〈be going to + 동사원형〉은 미래를 나타내요.

미래 시제 고르기

1. She ☐☐☐☐☐ a song.
   - ☐ is to going sing
   - ☑ is going to sing

2. They ☐☐☐☐☐ sleep.
   - ☐ are going to
   - ☐ to are going

3. We ☐☐☐☐☐ music.
   - ☐ are going to play
   - ☐ to going are play

4. I ☐☐☐☐☐ my uncle.
   - ☐ am going to visiting
   - ☐ am going to visit

5. He ☐☐☐☐☐ a pen.
   - ☐ is going to buying
   - ☐ is going to buy

6. David ☐☐☐☐☐ others.
   - ☐ is going to help
   - ☐ is going to helped

will과 be going to 둘 다 미래를 나타내요.

미래 시제 고르기

1. She is going to find a new house.
   - ☐ She will finding a new house.
   - ☑ She will find a new house.

2. He is going to join the camp.
   - ☐ He will join the camp.
   - ☐ He will joined the camp.

3. I will cook food.
   - ☐ I am going to cook food.
   - ☐ I be going to cook food.

4. They will sleep soon.
   - ☐ They is going to sleep soon.
   - ☐ They are going to sleep soon.

1

We close the shop at 2.

우리는 2시에 가게를 [닫는다] / 닫을 것이다 .

We are going to close the shop at 2.

우리는 2시에 가게를 닫는다 / 닫을 것이다 .

2

He cleans his own room.

그는 자기 방을 청소한다 / 청소할 것이다 .

He is going to clean his own room.

그는 자기 방을 청소한다 / 청소할 것이다 .

3

I am going to sleep early.

나는 일찍 잔다 / 잘 것이다 .

I sleep early.

나는 일찍 잔다 / 잘 것이다 .

4

She is going to take pictures.

그녀는 사진을 찍는다 / 찍을 것이다 .

She takes pictures.

그녀는 사진을 찍는다 / 찍을 것이다 .

5

They eat fish.

그들은 생선을 먹는다 / 먹을 것이다 .

They are going to eat fish.

그들은 생선을 먹는다 / 먹을 것이다 .

6

He opens a restaurant.

그는 식당을 연다 / 열 것이다 .

He is going to open a restaurant.

그는 식당을 연다 / 열 것이다 .

7

Yumi is going to write letters.

Yumi는 편지를 쓴다 / 쓸 것이다 .

Yumi writes letters.

Yumi는 편지를 쓴다 / 쓸 것이다 .

8

I study English.

나는 영어를 공부한다 / 공부할 것이다 .

I am going to study English.

나는 영어를 공부한다 / 공부할 것이다 .

Step 3

배열하여 써보면 문법이 저절로!

미래 시제에 맞게 단어를 순서대로 배열하고 동사를 알맞은 형태로 바꿔 써보세요. 그 문장에 맞는 우리말도 써보세요.

① have a party, I, be going to

문장 → I am(=I'm) going to have a party.

우리말 → 나는 파티를 열 것이다.

② play, be going to, they, soccer

문장 →

우리말 →

③ we, learn, Japanese, be going to

문장 →

우리말 →

④ be going to, she, the menu, change

식당에서 주문하는 '메뉴'라는 뜻이에요.

문장 →

우리말 →

⑤ they, the team, join, be going to

문장 →

우리말 →

⑥ my dad, a book, read, be going to

문장 →

우리말 →

_____ 월 _____ 일

1 미래형 문장의 형태를 알아봐요.

✏️ 미래형의 부정문과 의문문의 형태는 다음과 같아요.

부정문 ▶

[will] 　주어 +will +**not** +동사원형 ~. (~하지 않을 것이다)

[be going to] 　주어 +be동사 +**not** +going to +동사원형 ~.
(~하지 않을 것이다)

의문문 ▶

[will] 　**Will** +주어 +동사원형 ~? (~할 거니?)

[be going to] 　**Be동사** +주어 +going to +동사원형 ~? (~할 거니?)

2 미래형 문장의 부정문과 의문문을 알아봐요.

✏️ 미래형의 부정문은 어떻게 쓸까요?

💡 '~하지 않을 것이다'의 의미로, 앞으로 일어나지 않을 일을 나타낼 때 사용해요.

I	will **not** ‖ am **not** going to	take	pictures.
나는	~하지 않을 것이다	찍다	사진을.

He	will not ‖ is not going to	drink water.	그는 물을 마시지 않을 것이다.

*〈will+not〉은 줄여 쓸 수 있어요. will not → **won't**

I	will not ‖ won't	talk with you.	(나는 너와 이야기하지 않을 것이다.)

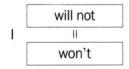

미래형 will의
의문문에 대한 대답은

긍정이면 〈Yes, 주어+will.〉
부정이면 〈No, 주어+won't〉
부정은 축약형으로 써요.

✏️ 미래형의 의문문은 어떻게 쓸까요?

💡 '~할 거니?'의 의미로, 앞으로 일어나거나 할 일에 대해 물어볼 때 사용해요.

will 의문문	She will have a party.	그녀는 파티를 **열 것이다.**
	Will she have a party?	그녀는 파티를 **열 거니?**
be going to 의문문	They **are going to** join the music club.	그들은 음악동아리에 **가입할 것이다.**
	Are they **going to** join the music club?	그들은 음악동아리에 **가입할 거니?**

미래형 be going to의
의문문에 대한 대답은

긍정이면 〈Yes, 주어+be동사.〉
부정이면 〈No, 주어+be동사 부정 축약형.〉

부정문인 경우 will이나 be동사 다음에 not을 써요.

not이 들어갈 위치 찾기

1 I will ① live in ② Japan.　　☑ ①　　☐ ②

2 They ① will ② eat meat.　　☐ ①　　☐ ②

3 She will ① buy a ② shirt.　　☐ ①　　☐ ②

4 We are ① going ② to play table tennis.　　☐ ①　　☐ ②

5 I ① am ② going to use the pen.　　☐ ①　　☐ ②

6 She is ① going to ② drive a car.　　☐ ①　　☐ ②

의문문인 경우 미래형의 형태가 바뀌어요.

미래 시제 고르기

1 그녀는 낮잠을 잘 거니?　　☑ Will she take a nap?
　　　　　　　　　　　　☐ Will she taking a nap?

2 그들은 우리 엄마를 만날 거니?　　☐ Will they meet my mom?
　　　　　　　　　　　　　　☐ Will they met my mom?

3 너는 피아노를 연주할 거니?　　☐ Will you playing the piano?
　　　　　　　　　　　　　☐ Will you play the piano?

4 그는 그 방을 청소할 거니?　　☐ Is going he to clean the room?
　　　　　　　　　　　　　☐ Is he going to clean the room?

5 너는 여기에 앉을 거니?　　☐ Are you going to sit here?
　　　　　　　　　　　　☐ Are you going sit here?

6 그는 그 물을 마실 거니?　　☐ Is he drink that water?
　　　　　　　　　　　　☐ Is he going to drink that water?

①

He takes swimming lessons.

will 부정문 ➔ He will not(=won't) take swimming lessons.

will 의문문 ➔ Will he take swimming lessons?

②

Ken sleeps early tonight.

will 부정문 ➔

will 의문문 ➔

③

She reads books.

will 부정문 ➔

will 의문문 ➔

④

They buy red jackets.

be going to 부정문 ➔

be going to 의문문 ➔

⑤

She goes jogging tonight.

be going to 부정문 ➔

be going to 의문문 ➔

⑥

I am a doctor.

be going to 부정문 ➔

be going to 의문문 ➔

나는 / 연주하지 않을 것이다 / 피아노를. (will, piano)

1 → I will not(=won't) play the piano.

그녀는 / 만나지 않을 것이다 / 그녀의 친구들을. (will, her friends)

2 →

찰 거니 / 그는 / 이 공을? (will, this ball)

3 →

쓸 거니 / Mary는 / 책을? (will, books)

4 →

나는 / 먹지 않을 것이다 / 건강에 해로운 음식을. (be going to, <u>unhealthy food</u>)

→ healthy(건강에 좋은)에 un-을 붙이면
unhealthy(건강에 해로운)이라는 반대말이 돼요.

5 →

그들은 / 보지 않을 것이다 / TV를. (be going to, TV)

6 →

청소할 거니 / Tina는 / 그 공원을? (be going to, the park)

7 →

마실 거니 / 네 남동생은 / 그 물을? (be going to, that water)

8 →

[1~2] 다음 빈칸에 들어갈 알맞은 말을 고르시오.

Note

1

| I _____ a cap tomorrow. |

① am buy   ② is buying   ③ will buying
④ won't buying   ⑤ will buy

2

| He _____ the house next week. |

① are going to clean   ② was going to cleaned
③ is going to cleaning   ④ is going to clean
⑤ is going to cleaned

3 다음 빈칸에 들어갈 알맞은 말을 바르게 짝지은 것은?

| • Susan _____ meet my friend tonight.
• The girl _____ open the door. |

① not will – is not going to
② won't – are not going to
③ will not – aren't going to
④ won't not – is not going to
⑤ won't – isn't going to

[4~5] 다음 단어의 순서를 바르게 배열한 것을 고르시오.

4

| are, read, not, books, going, they, to |

① They not going are read books.
② They are not going to read books.
③ They going not to are read books.
④ They are not to going read books.
⑤ They are to not going read books.

5

| will, I, join, not, club, the |

① I will not join the club.
② I will join not the club.
③ I join the club will not.
④ I will the join club not.
⑤ I not will join the club.

6 다음 중 어법상 올바른 문장은?

① They aren't going buy a jacket. ② I'm not going to sing.

③ We will to not dance. ④ Will he helping his dad?

⑤ Are you to going walk in the garden?

Note

7 다음 대화의 빈칸에 들어갈 말은?

> A: _____
>
> B: No, she won't.

① Will she call me? ② Won't he call me?

③ Will he call me? ④ Is he going to call me?

⑤ Will she going to call me?

서술형
문제

[8~9] 다음 문장이 뜻이 같도록 빈칸에 알맞은 말을 쓰시오.

8
> 그녀는 연을 날릴 거니?
> Is she going to fly a kite? = _____ she fly a kite?

9
> 나는 저녁을 먹지 않을 것이다.
> I will not eat dinner. = I _____ eat dinner.

[10~12] 다음을 지시에 따라 바꿔 쓰시오.

10 We travel to Korea next year. (will, 부정문) → _____

11 You wait for me. (will, 의문문) → _____

12 다음 글에서 틀린 부분을 찾아 바르게 고치시오.

> I will ①met my friends tomorrow. I am going to ②eating ice cream with them. And then, we will ③taking pictures. We ④be going to have fun.

① _____ → _____

② _____ → _____

③ _____ → _____

④ _____ → _____

PART
5

비교급과 최상급

Unit 1 오예! 내 햄버거가 더 커!

비교급 변화공식

오예!
내 햄버거가 아빠 햄버거보다 더 커!
아빠 햄버거는 내 것보다 엄청 작아!

My burger is *bigger* than my dad's.
My dad's burger is *smaller* than mine.

➕ 단어 미리 Check Up

famous	✓ 유명한	☐ 조용한
interesting	☐ 지루한	☐ 재미있는
strong	☐ 강한	☐ 약한
thin	☐ 두꺼운	☐ 얇은
score	☐ 성격	☐ 점수
weather	☐ 날씨	☐ 편지

최상급 변화공식

우리 가족은 아빠가 제일 키가 크시고
내가 제일 작아.

My dad is *the tallest* in my family.
I am *the shortest* of all the
members.

➕ 단어 미리 Check Up

important	☐ 의도한	☐ 중요한
person	☐ 사람	☐ 동물
teachers' room	☐ 휴게실	☐ 교무실
idea	☐ 아이디어	☐ 가입하다
world	☐ 세계	☐ 물병
building	☐ 산책로	☐ 건물

정답 중요한 / 사람 / 교무실 / 아이디어 / 세계 / 건물

Unit 3 무엇이 빠른고?

비교급, 최상급 문장공식

우리 가족은 여행을 가기로 했어.
자전거와 자동차, 비행기 중에서
무엇이 더 빠를까?

A plane is *faster than* a car.
A plane is *the fastest of* them.

➕ 단어 미리 Check Up

family member	☐ 동아리구성원	☐ 가족 구성원
in this hotel	☐ 이 호텔에서	☐ 이 가게에서
expensive	☐ 거대한	☐ 비싼
cheap	☐ 저렴한	☐ 비싼
busy	☐ 여유로운	☐ 바쁜
heavy	☐ 가벼운	☐ 무거운

정답 가족 구성원 / 이 호텔에서 / 비싼 / 저렴한 / 바쁜 / 무거운

비교급 변화공식

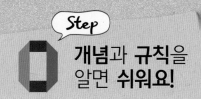

_____월 _____일

1 비교급이
무엇인지 알아봐요.

✏ 비교급이란 무엇일까요?

💡 '우리 엄마는 나보다 나이가 더 많다.'처럼 두 대상을 비교할 때는,
'더 ~한/하게'의 의미인 형용사나 부사의 비교급을 써서 말해요.

I am	tall.	
나는 ~(이)다	키가 큰.	
I am	**taller**	than you.
나는 ~(이)다	키가 더 큰	너보다.

이것이 비교급

※than은 '~보다'의
의미이며 비교 대상
앞에 써요.

2 비교급 형태가 왜,
어떻게 바뀌는지
알아봐요.

✏ 비교급은 왜 형태가 바뀌나요?

💡 단어마다 형태가 다르므로 원급이 비교급이 되면서 규칙적으로, 또는 불규칙하게 변해요.

Sam is **taller** than Peter. (Sam은 Peter보다 키가 더 크다.)

Peter is **shorter** than Sam. (Peter는 Sam보다 키가 더 작다.)

Sam   Peter

✏ 비교급이 어떻게 **규칙적으로** 바뀌나요?

대부분의 단어	–er을 붙여요.	tall - tall**er** (키가 더 큰)
–e로 끝나는 단어	–r을 붙여요.	large - larg**er** (더 큰)
〈자음+–y〉로 끝나는 단어	–y를 –i로 바꾸고, –er을 붙여요.	easy - eas**ier** (더 쉬운)
〈단모음+단자음〉으로 끝나는 단어	마지막 자음을 한 번 더 쓰고 + –er을 붙여요.	big - big**ger** (더 큰)
3음절 이상의 단어 일부 2음절 단어	more를 단어 앞에 붙여요.	beautiful - **more** beautiful (더 아름다운)

famous, useful, handsome 등 …

형용사와 부사의 원래 형태를
원급이라고 해요.

✏ 비교급이 어떻게 **불규칙하게** 바뀌나요?

원급	비교급
good/well	**better** (더 좋은)
bad	**worse** (더 나쁜)
many/much	**more** (더 많은)
little	**less** (더 적은)

My toy is **better** than yours.
(내 장난감이 네 것보다 더 좋다.)

I have **more** hats than you.
(나는 너보다 모자가 더 많다.)

형용사/부사의 비교급이 규칙적으로 바뀌어요.

원급	비교급	원급	비교급
tall	taller	old	
big		hot	
easy		interesting	
large		wide	
beautiful		fast	
heavy		short	
famous		high	
strong		long	
popular		young	
slow		cold	

형용사/부사의 비교급이 불규칙하게 바뀌어요.

원급	비교급	원급	비교급
good	better	bad	
many		little	

1

나는 / 가지고 있다 / 강한 막대기를.

I have strong / stronger sticks.

나는 / 가지고 있다 / 더 강한 막대기를 / 네 것보다.

I have strong / stronger sticks than you.

→ Stick은 '막대기, 나뭇가지'
라는 뜻이에요.

2

그것은 / 이다 / 가벼운 책.

It is a light / lighter book.

그것은 / 더 가볍다 / 네 전화기보다.

It is light / lighter than your phone.

3

그 종이는 / 얇다.

The paper is thin / thinner .

그 종이는 / 더 얇다 / 이 책보다.

The paper is thin / thinner than this book.

4

그녀는 / 더 행복하다 / 나보다.

She is happy / happier than me.

그녀는 / 행복하다.

She is happy / happier .

5

그들은 / 유명하다.

They are famous / more famous .

그들은 / 더 유명하다 / 그보다.

They are famous / more famous than him.

6

일어나라 / 일찍.

Wake up early / earlier .

일어나라 / 더 일찍 / 어제보다.

Wake up early / earlier than yesterday.

7

네 손은 / 더 크다 / 내 손보다.

Your hands are big / bigger than mine.

네 손은 / 크나.

Your hands are big / bigger .

8

나는 / 가지고 있다 / 좋은 성적을.

I have a good / better score.

나는 / 가지고 있다 / 더 좋은 성적을 / 너보다.

I have a good / better score than you.

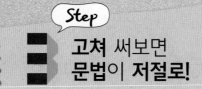
1 He is <u>more tall</u> than me. → He is taller than me.

2 This swimming pool is <u>largger</u> than my house. →

3 Elephants are <u>heavyer</u> than cats. →

4 The country is <u>hoter</u> than Korea. →

5 Your mother is <u>beautifuler</u> than you. →

6 Today's weather is <u>more bad</u> than yesterday's. →

7 I have <u>many</u> hats than you. →

8 We have <u>little</u> money than her. →

마무리 **해석확인**

① 그는 나보다 키가 더 크다.　　　② 이 수영장은 우리 집보다 더 넓다.　　　③ 코끼리는 고양이보다 더 무겁다.
④ 그 나라는 한국보다 더 덥다.　　　⑤ 네 엄마는 너보다 더 아름답다.　　　⑥ 오늘 날씨가 어제보다 더 나쁘다.
⑦ 나는 너보다 더 많은 모자를 가지고 있다.　　⑧ 우리는 그녀보다 더 적은 돈을 가지고 있다.

최상급 변화공식

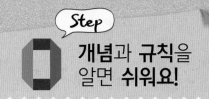

_____월 _____일

1 최상급에 대해
알아봐요.

🖋 최상급이란 무엇일까요?

💡 '내 짝꿍, 나, 친구 중에서 가장 빠른 사람은 나이다.'처럼 셋 이상의 대상을 비교할 때는
'가장 ~한/하게'의 의미인 형용사나 부사의 최상급을 써서 말해요.

최상급 앞에는
the를 붙여요.

I am	fast.	
나는 ~(이)다	빠른.	
I am	the **fastest**	in my class.
나는 ~(이)다	가장 빠른	우리 반에서.

2 최상급 형태가 왜,
어떻게 바뀌는지
알아봐요.

🖋 최상급은 왜 형태가 바뀌나요?

💡 단어마다 형태가 다르므로 원급이 최상급으로 되면서 규칙적으로, 또는 불규칙하게 변해요.

The elephant is **the biggest** of the three animals.
(코끼리는 그 세 동물들 중에서 가장 크다.)

The chick is **the smallest** of the three animals.
(병아리는 그 세 동물들 중에서 가장 작다.)

🖋 최상급이 형태가 어떻게 **규칙적으로** 바뀌나요?

대부분의 단어	–est를 붙여요.	long – long**est** (가장 긴)
–e로 끝나는 단어	–st를 붙여요.	large – larg**est** (가장 큰)
〈자음+–y〉로 끝나는 단어	–y를 –i로 바꾸고, –est를 붙여요.	heavy – heav**iest** (가장 무거운)
〈단모음+단자음〉으로 끝나는 단어	마지막 자음을 한 번 더 쓰고 –est를 붙여요.	hot – hot**test** (가장 더운)
3음절 이상의 단어 일부 2음절 단어	most를 단어 앞에 붙여요.	important – **most** important (가장 중요한)

최상급 앞에 the를 쓰는 이유는
'제일, 최고'인 것은
하나로 정해져 있기 때문이에요.

🖋 최상급이 어떻게 **불규칙하게** 바뀌나요?

원급	비교급	최상급
good/well	better	**best** (가장 좋은)
bad	worse	**worst** (가장 나쁜)
many/much	more	**most** (가장 많은)
little	less	**least** (가장 적은)

형용사/부사의 최상급이 규칙적으로 바뀌어요.

규칙 형태 쓰기

원급	최상급	원급	최상급
long	longest	heavy	
strong		easy	
hot		beautiful	
fast		important	
interesting		large	
old		high	
famous		short	
big		tall	
popular		young	
cold		slow	

형용사/부사의 최상급이 불규칙적으로 바뀌어요.

불규칙 형태 쓰기

원급	최상급	원급	최상급
good	best	bad	
many		little	

1

나는 / 이다 / 무거운 사람.

I'm a [~~heavy~~ / heaviest] person.

나는 / 이다 / **가장 무거운** 사람 / 이 반에서.

I'm the [heavy / ~~heaviest~~] person in this class.

2

너는 / 가지고 있다 / **나쁜** 아이디어를.

You have a [bad / worst] idea.

너는 / 가지고 있다 / **가장 나쁜** 아이디어를 / 그들 중에.

You have the [bad / worst] idea of them.

3

그는 / 이다 / **가장 힘이 센** 소년 / 내 친구들 중에서.

He is the [strong / strongest] boy of my friends.

그는 / 이다 / **힘이 센** 소년.

He is a [strong / strongest] boy.

4

그녀는 / 가지고 있다 / **짧은** 머리카락을.

She has [short / shortest] hair.

그녀는 / 가지고 있다 / **가장 짧은** 머리카락을 / 우리 중에서.

She has the [short / shortest] hair of us all.

5

그것은 / 이다 / **긴** 강.

It is a [long / longest] river.

그것은 / 이다 / **가장 긴** 강 / 세계에서.

It is the [long / longest] river in the world.

6

나는 / 샀다 / **가장 값이 싼** 드레스를 / 이 가게에서.

I bought the [cheap / cheapest] dress in this store.

나는 / 샀다 / **값이 싼** / 드레스를.

I bought a [cheap / cheapest] dress.

7

그녀는 / 이다 / **훌륭한** 학생.

She is a [good / best] student.

그녀는 / 이다 / **가장 훌륭한** 학생 / 우리 반에서.

She is the [good / best] student in my class.

8

그것은 / 이다 / **빠른** 동물.

It is a [fast / fastest] animal.

그것은 / 이다 / **가장 빠른** 동물 / 세상에서.

It is the [fast / fastest] animal in the world.

1   This piano is the ~~olddest~~ in the world.   →   This piano is the oldest in the world.

2   My teacher is the <u>younger</u> in the <u>teachers' room</u>.   →
→ '교무실'이라는 뜻이에요.

3   This restaurant is the <u>larggest</u> in this city.   →

4   Winter is the <u>colddest</u> of the four seasons.   →

5   Mt. Everest is the <u>higher</u> mountain in the world.   →

6   This is the <u>tall</u> building in our country.   →

7   She is the <u>popularest</u> singer in Korea.   →

8   I have the <u>many</u> apples in this room.   →

마무리 **해석확인**

① 이 피아노는 세계에서 가장 오래 되었다.   　② 우리 선생님은 교무실에서 가장 어리시다.   　③ 이 식당은 이 도시에서 가장 크다.
④ 겨울은 사계절 중 가장 춥다.   　⑤ 에베레스트 산은 세계에서 가장 높은 산이다.   　⑥ 이것은 우리나라에서 가장 높은 건물이다.
⑦ 그녀는 한국에서 가장 인기 있는 가수이다.   　⑧ 나는 이 방에서 가장 많은 사과를 가지고 있다.

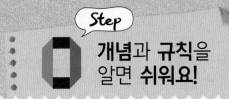

_____월 _____일

1 비교급과 최상급의
문장 형태를
알아봐요.

✏️ **비교급과 최상급 문장의 형태는** 다음과 같아요.

> 비교급 문장〉 비교급 + than A (A보다 더 ~한)
>
> She is **shorter** than me.
> → 비교급 뒤에 than(~보다)가 와요.
>
> 최상급 문장〉 the + 최상급 + in/of A (A 중에서 가장 ~한)
>
> He is **the heaviest** in my class.
> of them all.
> → 최상급 다음에 '~안/중에서'로 한정해주는
> in/of 부사구가 와요.

2 비교급과 최상급이
문장 안에서 어떻게
쓰이는지 알아봐요.

✏️ **비교급은 문장 안에서 어떻게 쓰일까요?**

💡 〈비교급+than+비교하는 대상〉의 순서로 써서 두 대상을 비교하는
비교급 문장을 만들 수 있어요. 이 때의 뜻은 '~보다 …한/하게'가 돼요.

비교급 • than • A
A 보다 더 ~한

I am	taller	than	you.	나는 **너보다** 키가 더 크다.
She is	prettier	than	me.	그녀는 **나보다** 더 예쁘다.

*비교급과 than 사이에 명사가 들어갈 수도 있어요.

I have more money than you. (나는 너보다 더 많은 돈을 가지고 있다.)

✏️ **최상급은 문장 안에서 어떻게 쓰일까요?**

💡 〈the+최상급+in/of 부사구〉의 순서로 써서 세 가지 이상을 비교하는
최상급 문장을 만들 수 있어요. 이 때의 뜻은 '~ 안/중에서 가장 …한/하게'가 돼요.

> 최상급 문장에서 in이나 of를 써서
> 비교의 범위나 대상을 나타낼 수 있어요.
>
> in the town (이 도시에서)
> of the four seasons (4계절 중)

최상급

in+장소나 소속
안에서

of+복수명사
~중에서

I am **the** fastest	**in** the class.
나는 가장 빠르다	이 반에서.
	of all my friends.
	내 모든 친구들 중에서.

*최상급과 in/of 부사구 사이에 명사가 들어갈 수도 있어요.

I have the most money in this class. (나는 이 반에서 가장 많은 돈을 가지고 있다.)

비교급 뒤에는 than이 와요.

비교급 고르기

1 This is [   ] that river.

2 David is [   ] Layla.

3 My idea is [   ] yours.

4 My room is [   ] hers.

5 I am [   ] you.

6 Math is [   ] science for me.

- ☐ longer in
- ☑ longer than

- ☐ taller than
- ☐ taller of

- ☐ than better
- ☐ better than

- ☐ bigger than
- ☐ than bigger

- ☐ happiest than
- ☐ happier than

- ☐ easiest than
- ☐ easier than

최상급 앞에는 the가 와요.

최상급 고르기

1 He is the best student [   ] my class.

2 The hat is the most expensive [   ] them all.

3 He is the strongest man [   ] the world.

4 This is the largest room [   ] this hotel.

5 This book is the easiest [   ] the three.

6 She is the smartest [   ] all the members.

- ☐ the   ☑ in

- ☐ of   ☐ than

- ☐ in   ☐ than

- ☐ of   ☐ in

- ☐ of   ☐ in

- ☐ in   ☐ of

①

Math is easy.

비교급 (science) → **Math is easier than science.**

최상급 (of the subjects) → **Math is the easiest <u>of the subjects</u>.**

'과목들 중에서'라는 뜻으로, 최상급 문장의
of 다음에는 복수 명사를 써요.

②

My dad is heavy.

비교급 (my mom) →

최상급 (in my family) →

③

Jack is short.

비교급 (Nancy) →

최상급 (in the class) →

④

This dress is cheap.

비교급 (the hat) →

최상급 (in this store) →

⑤

Friday is busy.

비교급 (Monday) →

최상급 (of the week) →

⑥

I am young.

비교급 (my sister) →

최상급 (of my family members) →

Emily는 / (이)다 / 나이가 더 많은 / Jim보다. (old)

1 → Emily is older than Jim.

트럭은 / (이)다 / 빠른 / 자전거보다. (fast, a bike)

2 →

Layla는 / (이)다 / 더 아름다운 / Jessica보다. (beautiful)

3 →

이 방은 / (이)다 / 더 큰 / 내 방보다. (large, my room)

4 →

그녀는 / (이)다 / 키가 가장 큰 / 모든 구성원 중에서. (tall, of all the members)

5 →

그는 / (이)다 / 가장 훌륭한 학생 / 이 반에서. (good, in this class)

6 →

그는 / (이)다 / 가장 힘이 센 / 우리 가정에서. (strong, in my family)

7 →

나는 / (이)다 / 가장 현명한 / 이 그룹에서. (wise, in this group)

8 →

1 다음 중 원급, 비교급, 최상급의 연결이 바르지 <u>않은</u> 것은?

① good – better – best

② hot – hotter – hottest

③ wide – wider – widest

④ thin – more thin – most thin

⑤ beautiful – more beautiful – most beautiful

2 다음 빈칸에 들어갈 말로 알맞은 것은?

> This is the largest place _____ my town.

① of   ② in   ③ than

④ the   ⑤ most

3 다음 빈칸에 들어갈 알맞은 말로 짝지어진 것은?

> • She is _____ than other singers.
> • He is the _____ student in this class.

① famous – best   ② more famous – better

③ famous – better   ④ most famous – better

⑤ more famous – best

[4~5] 다음 주어진 단어를 바르게 배열한 것을 고르시오.

4

> my, thicker, yours, book, than, is

① My book is than thicker yours.

② My book is thicker yours than.

③ My book is yours than thicker.

④ My book is thicker than yours.

⑤ My book than yours is thicker.

5

> woman, she, in, world, the, beautiful, most, the, is

① She is the most beautiful woman in the world.

② She is most the beautiful in the world woman.

③ She is the beautiful woman in the most world.

④ She is the most woman beautiful in the world.

⑤ She is the most beautiful woman the world in.

[6~7] 다음 중 어법상 올바른 문장을 고르시오.

6 ① He is more strong than me.
② This room is largger than my room.
③ Chapter 2 is easyer than chapter 3.
④ A dog is lighter than an elephant.
⑤ The weather today is more bad than yesterday.

7 ① He is the shorter of my friends.
② I am the faster runner in my class.
③ She is the most famous singer in Korea.
④ This window is the wider in this room.
⑤ This woman is the older of all the members.

[8~9] 다음 표를 보고 문장의 빈칸에 들어갈 알맞은 말을 쓰시오.

8

Layla	David	Yun
165cm	181cm	158cm

→ David is _____ Layla.

9

Sam	Joe	Minsu
46kg	51kg	45kg

→ Joe is _____ of the three.

[10~11] 우리말에 맞게 빈칸에 알맞은 말을 써서 문장을 완성하시오.

10 이것은 한국에서 가장 높은 건물이다.

→ This is _____ building in Korea.

11 이 드레스는 네 모자보다 더 값이 싸다.

→ This dress is _____ your hat.

12 다음 문장에서 틀린 부분을 찾아 바르게 고치시오.

> In summer, Korea is hoter than Vancouver.

_____ → _____

PART 6

관사와 some, any, all, every

(Unit 1) 사과를 좋아해.

관사 공식

한 노인이 사과를 가지고 있어.
그는 그 사과를 좋아해.

An old man has *an* apple.
The man likes *the* apple.

➕ 단어 미리 Check Up

hour	☐ 초	☑ 시간
Earth	☐ 지구	☐ 우주
university	☐ 고등학교	☐ 대학교
honest	☐ 정직한	☐ 활발한
umbrella	☐ 우산	☐ 재킷
easy	☐ 어려운	☐ 쉬운

정답 시간 / 지구 / 대학교 / 정직한 / 우산 / 쉬운

Unit 2 동물을 좋아해.

some과 any, all과 every 공식

나는 동물을 좋아해. 토끼, 개, 늑대, 곰...
나는 모든 동물을 좋아해. 너는?

I like *all* animals.
I like *every* animal.

🔾 단어 미리 Check Up

vegetable	☐ 과일	☐ 채소
meat	☐ 고기	☐ 식사
beautiful	☐ 무서운	☐ 아름다운
smart	☐ 똑똑한	☐ 예쁜
window	☐ 창문	☐ 꽃병
doctor	☐ 의사	☐ 병원

Unit 3 채소를 좋아해.

관사와 some, any, all, every 문장공식

맛이 없는 채소? 먹으면 건강해지지~!
나는 모든 채소를 좋아해.

All vegetables are healthy.
I like *every vegetable*.

🔾 단어 미리 Check Up

ant	☐ 벌레	☐ 개미
balloon	☐ 풍선	☐ 편지
gift	☐ 파티	☐ 선물
some sticks	☐ 막대 몇 개	☐ 하나의 막대
shy	☐ 수줍어하는	☐ 당당한
sour	☐ 달콤한	☐ 맛이 신

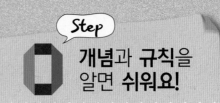
_____월 _____일

1 관사가 무엇인지
알아봐요.

✏️ 관사란 무엇일까요?

💡 관사는 명사 앞에서 그 명사의 범위를 정해 주는 말이에요. 듣는 사람이 알 수 없는 고양이 한 마리는 a나 an를 써서 a cat이지만, 듣는 사람도 이미 알고 있는 고양이는 the를 써서 the cat이라고 해요.

관사	명사
청자가 알 수 없는 명사 앞에 → a/an (부정관사) 청자가 이미 알고 있는 명사 앞에 → the (정관사)	

2 부정관사 a/an과
정관사 the에 대해
알아봐요.

✏️ 부정관사 a/an은 언제 쓰나요?

💡 부정관사 a/an은 청자가 알 수 없는(쉽게 파악할 수 없는) 셀 수 있는 명사가 하나일 때 쓰며, '하나의'라는 뜻으로 굳이 해석하지 않기도 해요.

부정관사 바로 뒤 단어의 첫 글자에 따라	[a+자음] a boy, a small apple	[an+모음 a, e, i o, u] an orange, an old man
발음에 따라	[a+자음 소리] a university (u가 모음이지만, 발음이 자음으로 발음됨.)	[an+모음 소리] an hour an honest girl (h가 소리 나지 않는 묵음이므로 o(모음)가 단어의 첫소리가 됨.)

정관사 the를
붙이지 않는 경우

• 교통수단 앞에
  by bus
• 식사 및 운동 이름 앞에
  lunch, tennis

✏️ 정관사 the는 언제 쓰나요?

💡 정관사 the는 청자가 이미 알고 있는 명사 앞에 쓰며, '바로 그~'라는 뜻이에요. 모음이나 자음에 상관없이 다음과 같은 경우, 명사 앞에 the를 붙여요.

청자에게 익숙한 명사 앞에	**The** book is interesting. 그 책은 재미있다. * I read **a** book. 나는 책을 읽는다.
하나 밖에 없는 자연물 앞에	the Earth, the moon, the sun the sea, the sky, the world
악기 이름 앞에	the violin, the piano, the cello
위치, 방향 앞에	the left, the west, the top, the end

알맞게 쓰고
골라 보면
문법이 저절로!

뒤에 오는 단어의 첫소리에 따라 부정관사가 바뀌어요.
정관사 the는 청자가 이미 알고 있는 명사 앞에 써요.

▸ 부정관사는 뒤에 오는 단어의 첫소리에 따라 a나 an을 써요.

부정관사 쓰기

a dog	an old hat	☐ elephant	☐ tomato
☐ apple	☐ honest boy	☐ train	☐ old book
☐ boy	☐ table	☐ easy test	☐ bird
☐ hour	☐ airplane	☐ giraffe	☐ angel
☐ university	☐ egg	☐ onion	☐ ugly man
☐ student	☐ ball	☐ honest girl	☐ pen

▸ 청자에게 익숙한 명사 앞에 정관사 the를 써요.

정관사 고르기

1 ☐ Earth is round. ☐ An ☑ The

2 I see ☐ sun. ☐ the ☐ a

3 I play ☐ violin. ☐ the ☐ an

4 Go to ☐ left. ☐ a ☐ the

5 Look at ☐ hat on the sofa. ☐ the ☐ an

6 I have an apple. ☐ apple is in the basket. ☐ A ☐ The

1

나는 / 먹고 있다 / 사과를.

I am eating a / an apple.

나는 / 먹고 있다 / 빨간 사과를.

I am eating a / an red apple.

2

나는 / 본다 / 사진을.

I see a / an picture.

나는 / 본다 / 오래된 사진을.

I see a / an old picture.

3

나는 / 필요로 한다 / 우산을.

I need a / an umbrella.

나는 / 필요로 한다 / 파란 우산을.

I need a / an blue umbrella.

4

나는 / 원한다 / 책을.

I want a / an book.

나는 / 원한다 / 쉬운 책을.

I want a / an easy book.

5

나는 / 필요로 한다 / 펜을.

I need a / the pen.

나는 / 필요로 한다 / 그 펜을 / 네가 가지고 있는.

I need a / the pen you have.

→ 앞에 나온 the pen을 꾸며줘요.

6

나는 / 원하다 / 인형을 / 저쪽에 있는.

I want a / the doll over there.

나는 / 원한다 / 인형을.

I want a / the doll.

7

나는 / 가지고 있다 / 개를.

I have a / the dog.

나는 / 가지고 있다 / 개를. 그 개는 / (이)다 / 귀여운.

I have a dog. A / The dog is cute.

→ 바로 앞에 나온 개를 나타내요.

8

나는 / 가지고 있다 / 오렌지를.

I have an / the orange.

나는 / 가지고 있나 / 오렌지를. 그 오렌지는 / (이)다 / 큰.

I have an orange. A / The orange is big.

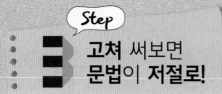
1 A̶ sun rises in the east. → The sun rises in the east.

2 An Earth is round. →

3 I play a piano. →

4 David is reading an book. →

5 I need a umbrella. →

6 There is a cap. A cap is mine. →

7 Turn to a left. →

↳ '~쪽으로 돌아라'라는 뜻이에요.

8 There is an university. →

마무리 해석확인

① 해는 동쪽에서 뜬다.　　② 지구는 둥글다.　　③ 나는 피아노를 연주한다.　　④ David는 책을 읽고 있다.
⑤ 나는 우산이 필요하다.　　⑥ 모자가 있다. 그 모자는 내 것이다.　　⑦ 왼쪽으로 돌아라.　　⑧ 대학교가 있다.

93

some과 any, all과 every 공식

_____월 _____일

1 some, any, all, every에 대해 알아봐요.

✏️ **some, any, all, every**는 명사 앞에 쓰여 명사의 뜻을 더욱 뚜렷하게 해줘요.

> some, any, all, every + 명사

2 some, any, all, every는 언제 쓰는지 알아봐요.

✏️ **some**과 **any**는 언제 쓰나요?

💡 some과 any는 '몇몇의, 조금의'라는 뜻으로 많지 않은 수를 나타낼 때 쓰며,
some과 any 다음에는 셀 수 있는 명사의 복수형이나 셀 수 없는 명사가 올 수 있어요.

some은 긍정문과 권유문, any는 부정문과 의문문에서 사용돼요.
[some – 긍정문과 권유문]

긍정문	I have **some** books.	나는 몇 권의 책이 있다.
	I drink **some** milk.	나는 우유를 조금 마신다.
권유문	Would you like **some** juice?	주스 좀 드실래요?

[any – 부정문과 의문문]

부정문	I don't have **any** money.	나는 돈을 조금도 가지고 있지 않다.
	I don't like **any** vegetables.	나는 채소를 조금도 좋아하지 않는다.
의문문	Do you need **any** water?	너는 물이 좀 필요하니?

✏️ **all**과 **every**는 언제 쓰나요?

💡 둘 다 '모든 ~'의 뜻이지만, 뒤에 오는 명사의 형태가 달라요.

all	+	셀 수 있는 명사의 **복수형**	**all** animals (모든 동물들)	I like all animals.
		모든 ~	**all** the boys (모든 소년들)	(나는 모든 동물들을 좋아한다.)

* all과 명사 사이에 the나 소유격이 오기도 해요.
*[예외] → ~내내
　all week (일주일 내내), **all** night (밤새도록)

every	+	셀 수 있는 명사의 **단수형**	**every** animal (모든 동물)	I like every animal.
		모든 ~	**every** boy (모든 소년)	(나는 모든 동물을 좋아한다.)

*[예외] → ~마다
　every weekend (주말마다), **every** night (밤마다)

주어가 〈all+복수명사〉인
경우에 동사는 복수를 쓰지만,
주어가 〈every+단수명사〉인
경우에 동사는
3인칭 단수 동사를 씁니다.

All animals **are** lovely.
Every boy here **is** tall.

some은 주로 긍정문에, any는 부정문에 쓰여요.

some과 any의 **쓰임** 고르기

1	I have **some** books.	나는 책이 조금 있다.	☑ O	☐ X
2	She bought **any** meat.	그녀는 약간의 고기를 샀다.	☐ O	☐ X
3	I don't want **some** water.	나는 물을 조금도 원하지 않는다.	☐ O	☐ X
4	He doesn't eat **any** fish.	그는 생선을 조금도 먹지 않는다.	☐ O	☐ X
5	Jessica drinks **any** milk.	Jessica는 우유를 조금 마신다.	☐ O	☐ X
6	They need **some** pens.	그들은 펜 몇 개가 필요하다.	☐ O	☐ X

all 뒤에는 복수 명사가, every 뒤에는 단수 명사가 와요.

all과 every 고르기

1	[____] girl likes me.	☐ All	☑ Every
2	[____] the pencils are short.	☐ All	☐ Every
3	[____] the students are smart.	☐ All	☐ Every
4	[____] flowers are beautiful.	☐ All	☐ Every
5	I like [____] book in my room.	☐ all	☐ every
6	[____] desk is in its place.	☐ All	☐ Every

Step

2 비교해 골라보면
문법이 저절로!

some, any, all, every의 쓰임을 확인하고 비교해 보며
우리말에 맞게 알맞은 것을 골라 보세요.

1

그녀는 / 원한다 / 주스를 조금.

She wants some / any juice.

그녀는 / 원하지 않는다 / 조금의 주스도.

She doesn't want some / any juice.

2

나는 / 가지고 있지 않다 / 조금의 돈도.

I don't have some / any money.

나는 / 가지고 있다 / 돈을 조금.

I have some / any money.

3

우리는 / 마신다 / 물을 조금.

We drink some / any water.

우리는 / 마시지 않는다 / 조금의 물도.

We don't drink some / any water.

4

그들은 / 먹지 않는다 / 조금의 닭고기도.

They don't eat some / any chicken.

그들은 / 먹는다 / 닭고기를 조금.

They eat some / any chicken.

5

모든 소녀들이 / 좋아한다 / 나를.

All / Every the girls like me.

모든 소녀가 / 좋아한다 / 나를.

All / Every girl likes me.

6

모든 아이는 / 귀엽다.

All / Every child is cute.

→ <every+단수명사>는 단수 취급해서
3인칭 단수 동사를 써요.

모든 아이들은 / 귀엽다.

All / Every children are cute.

7

나는 / 좋아한다 / 모든 채소를.

I like all / every vegetables.

나는 / 좋아한다 / 모든 채소를.

I like all / every vegetable.

8

그녀는 / 닫았다 / 모든 창문을.

She closed all / every window.

그녀는 / 닫았디 / 모든 창문들을.

She closed all / every the windows.

Step

전체를 써보면
문법이 저절로!

문장의 종류와 뒤에 오는 단어의 형태에 맞게
some, any, all, every를 바르게 문장에 써보세요.

1 I want (some / any) bread.
   나는 빵을 조금 원한다
   → I want some bread.

2 They eat (some / any)
   meat.
   그들은 고기를 조금 먹는다.
   →

3 I don't know (some / any)
   doctors.
   나는 어느 의사도 알지 못한다.
   →

4 They don't like
   (some / any) vegetables.
   그들은 어느 채소도 좋아하지 않는다.
   →

5 I sing a song (any / every)
   night.
   나는 매일 밤 노래를 부른다.
   →

6 I like (all / every) flower.
   나는 모든 꽃들을 좋아한다.
   →

7 Clean (all / every) room
   here. → 동사원형으로 시작하는 명령문이에요.
   여기 모든 방을 청소해라.
   →

8 (All / Every) my friends are
   smart.
   내 모든 친구들은 똑똑하다.
   →

UNIT
03

관사와
some, any, all, every
문장공식

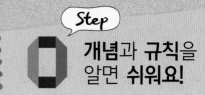
Step
0
개념과 규칙을
알면 쉬워요!

_____월 _____일

1 a/an, the, some, any, all, every에 대해 알아봐요!

✎ 관사인 **a/an**, **the**와 **some**, **any**, **all**, **every**는 명사 앞에 사용되어,
문장 안에서 주어 또는 목적어 자리에 올 수 있어요.

> a/an, the,
> some, any, all, every → 명사

2 a/an, the, some, any, all, every가 어떻게 쓰이는지 알아봐요.

✎ **a/an, some, any, all, every** 다음에 오는 명사의 형태

💡 a/an, some, any, all, every는 셀 수 있는 명사 앞에서 사용될 수 있지만,
복수 명사인지 단수 명사인지의 차이가 있어요.

[all/some/any+셀 수 있는 복수 명사]

all	
some	셀 수 있는 **복수** 명사 (pens, hats...)
any	

All the hats are red.
I don't like **any** hats here.

* all과 명사 사이에 the나 소유격이 오기도 해요.

[a/an/every+셀 수 있는 단수 명사]

a/an	
every	셀 수 있는 **단수** 명사 (pen, hat...)

A/Every baby is pretty.

> the는 셀 수 있거나 없는
> 모든 명사 앞에서 사용될 수 있습니다.
> 즉, 단수인지 복수인지 구별 없이
> 어느 명사 앞에나 사용할 수 있어요!
>
> the water, the oranges...

✎ 주어나 목적어 자리에 오는 〈a/an, the, some, any, all, every+명사〉

💡 a/an, the, some, any, all, every가 주어 자리에 올 경우 be동사 문장을,
목적어 자리에 올 경우 3형식 문장을 만들 수 있어요.

[주어 자리에 오는 경우]

주어		
An ant 개미는	is	
The ant 그 개미는	is	
Some ants 몇몇의 개미들은	are	small.
All the ants 모든 개미들은	are	
Every ant 모든 개미는	is	
(~) 개미는	작다.	

[목적어 자리에 오는 경우]

	목적어
	a bird. 새 (한 마리)를
	the bird. 그 새를
I like	some birds. 몇몇의 새들을
	all the birds. 모든 새들을
	every bird. 모든 새를
나는 좋아한다	(~) 새를.

빈칸에 들어갈 알맞은 명사의 형태를 골라 봐요.

명사의 알맞은 형태 고르기

1 An [　　　] is small.　　　　☑ ant　　☐ ants

2 I like all [　　　].　　　　☐ vegetables　　☐ vegetable

3 Some [　　　] are very smart.　　☐ bird　　☐ birds

4 Every [　　　] is cute.　　　☐ baby　　☐ babies

5 All the [　　　] here are lazy.　☐ students　　☐ student

6 There is a [　　　].　　　　☐ dogs　　☐ dog

주어진 말의 알맞은 위치를 골라 봐요.

주어진 말의 알맞은 위치 고르기

1 ① balloon is ② yellow. **(the)**　　☑ ①　　☐ ②

2 Sue didn't ① buy ② pens. **(any)**　☐ ①　　☐ ②

3 ① gifts are ② small. **(some)**　　☐ ①　　☐ ②

4 I ① like ② the fruits. **(all)**　　☐ ①　　☐ ②

5 I have ① pet ②. **(a)**　　　☐ ①　　☐ ②

6 I like ① animal ②. **(every)**　　☐ ①　　☐ ②

①

a, long, is, banana

문장 → A banana is long.

우리말 → 바나나는 길다.

②

is, shy, teacher, the

문장 →

우리말 →

③

sticks, thick, some, are

문장 →

우리말 →

④

the, like, I, music

문장 →

우리말 →

⑤

I, every, like, flower

문장 →

우리말 →

⑥

don't, I, any, have, hats

문장 →

우리말 →

그 학생은 / (이)다 / 게으른. (the, lazy)

1 → The student is lazy.

모든 아기들은 / (이)다 / 귀여운. (all, baby, cute)

2 →

모든 레몬은 / (이)다 / 맛이 신. (every, lemon, sour)

3 →

의자 몇 개가 / 있다 / 교실에. (some, chair, in the classroom)

4 →

개미는 / (이)다 / 작은. (ant, small)

5 →

→ coffee는 셀 수 없는 명사이므로 복수형으로 쓰지 않아요.

그 컵에는 / ~가 있다 / 약간의 커피. (some, coffee, there is)

6 →

나는 / 좋아하지는 않는다 / 모든 새를. (every, bird)

7 →

그들은 / 가지고 있지 않다 / 어떤 책상도. (any, desk)

8 →

[1~2] 다음 빈칸에 들어갈 알맞은 말을 고르시오.

1

I have _____ green umbrella.

① a   ② an   ③ all
④ two   ⑤ 필요 없음

2

I don't like all the _____.

① kid   ② vegetable   ③ meat
④ flowers   ⑤ book

[3~4] 다음 빈칸에 들어갈 말로 짝지어진 것을 고르시오.

3

• There is _____ university.   대학이 하나 있다.
• I want _____ milk.   나는 약간의 우유를 원한다.

① a – any   ② an – some   ③ 필요 없음 – any
④ an – any   ⑤ a – some

4

• I don't like _____ meat.   나는 어떤 고기도 좋아하지 않는다.
• Go to _____ left.   왼쪽으로 가라.

① some – an   ② any – a   ③ any – the
④ some – the   ⑤ all – a

5 다음 빈칸에 공통으로 들어갈 말로 알맞은 것은?

• Would you want _____ water?   물 좀 원하실까요?
• I have _____ books.   나는 책이 조금 있다.

① a   ② any   ③ every
④ some   ⑤ all

6 다음 중 any가 들어갈 위치로 알맞은 곳은?

① I ② don't ③ like ④ dogs ⑤.

7 다음 중 all이 들어갈 위치로 알맞은 곳은?

① the ② girls ③ here ④ are ⑤ smart.

[8~9] 다음 중 어법상 올바른 문장을 고르시오.

8　① I want all pen.
　② Every children are cute.
　③ I don't like some music.
　④ Some birds are very smart.
　⑤ Would you like an milk?

9　① Go to a right.
　② I play a violin.
　③ An earth is round.
　④ There is an small apple.
　⑤ I have a hat. The hat is red.

서술형
문제

[10~11] 다음 지시에 따라 문장을 바꿔 쓰시오.

10 I don't know all the students here. (all the → every) → _____

11 I want some milk. (부정문)　→ _____

[12~13] 다음 문장에서 틀린 부분을 찾아 바르게 고치시오.

12　I want any bread.　나는 어떤 빵도 원하지 않는다.

_____ → _____

13　Here is an eraser. A eraser is very small.　여기 지우개가 있다. 그 지우개는 매우 작다.

_____ → _____

14 다음 대화에서 틀린 부분을 찾아 바르게 고치시오.

Peter: I'm thirsty.　나는 목이 말라.
　　　I want any water.　나는 물을 좀 원해.
James: Here you are.　여기 있어.

_____ → _____

자주 사용하는 동사

Unit 1 슈~퍼~맨!

동사 want, like 공식

너는 커서 무엇이 되고 싶어?
간호사? 가수?
나는 슈~퍼~맨

I *want to be* a nurse.
I *want to be* a singer.

➕ 단어 미리 Check Up

picture	☐ 빛	✔ 그림
watch movies	☐ 영화를 보다	☐ 박물관에 가다
Korean food	☐ 일본 음식	☐ 한구 음시
clean	☐ 청소하다	☐ 어지르다
grape	☐ 참외	☐ 포도
baseball	☐ 축구	☐ 야구

Unit 2 　나는 친구들과 피자를 먹어.

동사 make, have, look, sound 공식

나는 친구들이 많아.
우리는 만나면 늘 피자를 먹지.

I have many friends.
We *have* pizza.

🔵 단어 미리 Check Up

model	☐ 가수	☐ 모델
delicious	☐ 맛있는	☐ 맛없는
headache	☐ 증상	☐ 두통
fever	☐ 요통	☐ 열
perfect	☐ 완벽한	☐ 모자란
stomachache	☐ 치통	☐ 복통

정답 모델 / 맛있는 / 두통 / 열 / 완벽한 / 복통

Unit 3 　그들은 마치 모델처럼 보여.

동사 want, like, look 문장공식

선글라스를 끼고 엄마 구두를 신으면
어때? 모델 같아 보여?

What do they *look like*?
They *look like* models.

🔵 단어 미리 Check Up

blond	☐ 단발의	☐ 금발의
curly	☐ 곱슬곱슬한	☐ 긴 머리의
blue eyes	☐ 파란 눈	☐ 검은 눈
angel	☐ 각도	☐ 천사
ski	☐ 스케이트	☐ 스키
brown	☐ 갈색의	☐ 검정색의

정답 금발의 / 곱슬곱슬한 / 파란 눈 / 천사 / 스키 / 갈색의

동사 want, like 공식

_____월 _____일

● 동사 **want**와 **like**에 대해 알아볼까요?

1 먼저 동사 want와 like에 대해 알아봐요.

want
~을 원하다,
~하기를 원하다

명사
to부정사
<to+동사원형>
이에요.

like
~을 좋아하다,
~하기를 좋아하다

명사
to부정사
-ing

● 동사 **want**는 문장 안에서 어떻게 쓰이나요?

2 동사 want와 like가 어떻게 쓰이는지 알아봐요.

● want 뒤에는 명사나 to부정사가 오며, '~을 원하다, ~하기를 원하다'의 뜻이에요.

want	+ 명사	~을 원하다	I **want** grapes. (나는 포도를 원한다.) I **want** new toys. (나는 새 장난감을 원한다.)
	+ to부정사	~하기를 원하다	I **want** to eat some cake. (나는 케이크를 조금 먹기를 원한다.) I **want** to be a singer. (나는 가수가 되기를 원한다.)

● 동사 **like**는 문장 안에서 어떻게 쓰이나요?

● like 뒤에 명사, to부정사, 동사의 -ing가 오며, '~을 좋아하다, ~하기를 좋아하다'의 뜻이에요.

like	+ 명사	~을 좋아하다	I **like** animals. (나는 동물을 좋아한다.) I **like** oranges. (나는 오렌지를 좋아한다.)
	+ to부정사	~하기를 좋아하다	I **like** to sleep. (나는 잠을 자는 것을 좋아한다.) I **like** to talk with my mom. (나는 우리 엄마와 이야기하는 것을 좋아한다.)
	+ 동사의 -ing		I **like** flying a kite. (나는 연 날리는 것을 좋아한다.) I **like** reading books. (나는 책을 읽는 것을 좋아한다.)

want는 to부정사만 취하지만
like는 to부정사와 -ing형을
둘 다 취할 수 있어요.

want 뒤에는 명사나 to부정사가 와요.

알맞은 형태 고르기

1 물을 원하다	☑ want water	☐ want to water
2 춤을 추기를 원하다	☐ want dance	☐ want to dance
3 드레스를 원하다	☐ want to a dress	☐ want a dress
4 지우개를 원하다	☐ want an eraser	☐ want to an eraser
5 노래하기를 원하다	☐ want sing	☐ want to sing
6 잠을 자기를 원하다	☐ want sleep	☐ want to sleep

like 뒤에는 명사나 to부정사, 동사의 -ing형이 와요.

알맞은 형태 고르기

1 I like [　　　] math.	☑ studying	☐ study
2 I like to [　　　] my house.	☐ cleaning	☐ clean
3 I like [　　　] books.	☐ reading	☐ read
4 I like [　　　] pictures.	☐ drawing	☐ draw
5 I like [　　　] a kite.	☐ fly	☐ flying
6 I like to [　　　] in Korea.	☐ live	☐ living

동사 want와 like의 문장 형태에 맞게
단어를 순서대로 배열하고, 문장에 맞는 우리말을 써보세요.

①

want, I, book, a,
buy, to

문장 → I want to buy a book.

우리말 → 나는 책을 사기를 원한다.

②

cookies, wants, she

문장 →

우리말 →

③

to, a, I, want, teacher,
be

문장 →

우리말 →

④

like, playing, I,
baseball

문장 →

우리말 →

→ 운동 경기 이름 앞에는 the를 쓰지 않아요.

⑤

likes, grapes,
my mom

문장 →

우리말 →

⑥

to, I, read, like, books

문장 →

우리말 →

나는 내 방을 청소하기를 원한다. (want, my room)

1 → I want to clean my room.

나는 몇 개의 사과를 원한다. (want, some apples)

2 →

그녀는 이메일을 쓰기를 원한다. (want, an email)

3 →

그는 의사가 되기를 원한다. (want, a doctor)

4 →

나는 새를 좋아한다. (like, birds)

5 →

우리 엄마는 한국 음식을 요리하는 것을 좋아한다. (like, cook, Korean food)

6 →

그녀는 영화 보는 것을 좋아한다. (like, watch, movies)

7 →

→ 악기 이름 앞에는 the를 써요.

나는 피아노를 치는 것을 좋아한다. (like, play, the piano)

8 →

동사 make, have, look, sound 공식

_____월 _____일

1 자주 사용하는 동사 make, have, look, sound에 대해 알아봐요.

✏️ 자주 사용하는 동사 **make, have, look, sound**에 대해 알아볼까요?

make	만들다
have	가지고 있다, 먹다, 보내다, 병이 있다
look	~해 보이다, ~처럼 보이다
sound	~하게 들리다, ~처럼 들리다

2 동사 make, have, look, sound가 어떻게 사용되는지 알아봐요.

✏️ 동사 **make**와 **have**는 문장 안에서 어떻게 쓰이나요?

make+명사	만들다	**make** pizza (피자를 만들다) **make** a birthday card (생일 카드를 만들다)
have+명사	가지고 있다	**have** a toy (장난감을 가지고 있다) **have** friends (친구들이 있다)
	먹다	**have** dinner (저녁을 먹다) **have** a hamburger (햄버거를 먹다)
	보내다	**Have** a good time. (좋은 시간 보내세요.) **Have** a nice day. (좋은 하루 보내세요.)
	(병에) 걸리다	**have** a cold (감기에 걸렸다) **have** a fever (열이 나다)

✏️ 동사 **look**과 **sound**는 문장 안에서 어떻게 쓰이나요?

💡 look과 sound 뒤에는 형용사가 오고, look like와 sound like 뒤에는 명사가 와요.

동사 look은 뒤에 어떤 전치사가 오느냐에 따라 뜻이 달라져요.

look at	~을 보다
look for	~을 찾다
look after	~을 돌보다

look	+형용사	~해 보이다	**look** great (좋아 보이다) **look** delicious (맛있어 보이다)
sound		~하게 들리다	**sound** good (좋게 들리다) **sound** nice (좋게 들리다)

look	like+명사	~처럼 보이다	**look like** a model (모델처럼 보이다) **look like** a rabbit (토끼처럼 보이다)
sound		~처럼 들리다	**sound like** a good idea (좋은 아이디어처럼 들리다)

Step
1 골라 보면
문법이 저절로!

동사 make는 '만들다', have는 '먹다, 보내다',
look은 '～하게 보이다', sound는 '～하게 들리다'라는 뜻이에요.

뒤에 오는 단어에 따라 동사 have의 뜻이 바뀌어요.

동사 have의 의미 고르기

1 I have many apples.   ☑ 가지고 있다   ☐ 먹다

2 Have a good day.   ☐ 이다   ☐ 보내다

3 They have a cold.   ☐ 병이 있다   ☐ 보내다

4 I have a fever.   ☐ 가지고 있다   ☐ 병이 있다

5 She will have lunch.   ☐ 보내다   ☐ 먹다

6 I have pets at home.   ☐ 병이 있다   ☐ 가지고 있다

동사 look과 sound의 알맞은 형태를 구별해 봐요.

알맞은 말 고르기

1 The food _____ good.   ☑ looks   ☐ looks like

2 She _____ old.   ☐ looks   ☐ looks like

3 You _____ a model.   ☐ look   ☐ look like

4 It _____ good.   ☐ sounds   ☐ sounds like

5 The plan _____ perfect.   ☐ sounds   ☐ sounds like

6 This _____ a good idea.   ☐ sounds   ☐ sounds like

1

I have a toy.

나는 장난감을 [가지고 있다 / 먹는다] .

I have dinner.

나는 저녁을 [가지고 있다 / 먹는다] .

2

I have lunch.

나는 점심을 [먹는다 / 걸렸다] .

I have a cold.

나는 감기에 [먹는다 / 걸렸다] .

3

I have a dog.

나는 개를 [가지고 있다 / 보내라] .

Have a good day.

좋은 하루를 [가지고 있다 / 보내라] .

4

I have a headache.

나는 두통이 [보낸다 / 있다] .

I have a goldfish.

나는 금붕어가 [보낸다 / 있다] .

5

I am looking at my brother.

나는 내 남동생을 [보고 있다 / 돌보고 있다] .

I am looking after my brother.

나는 내 남동생을 [보고 있다 / 돌보고 있다] .

6

I am looking for my bag.

나는 내 가방을 [보고 있다 / 찾고 있다] .

I am looking at my bag.

나는 내 가방을 [보고 있다 / 찾고 있다] .

7

I am looking after my younger sister.

나는 내 여동생을 [찾고 있다 / 돌보고 있다] .

I am looking for my younger sister.

나는 내 여동생을 [찾고 있다 / 돌보고 있다] .

8

I am looking for the paper.

나는 그 종이를 [찾고 있다 / 보고 있다] .

I am looking at the paper.

나는 그 종이를 [찾고 있다 / 보고 있다] .

전체를 써보면
문장이 저절로!

주어진 단어를 이용하여 make, have, look, sound의
문장을 써보세요.

그들은 / 만든다 / 저녁을. (make, dinner)

1 → They make <u>dinner</u>.

→ 식사 이름 앞에는 관사를 쓰지 않아요.

우리는 / 만든다 / 케이크를. (make, a cake)

2 →

나는 / 있다 / 복통이. (have, a stomachache)

3 →

보내라 / 좋은 시간을. (have, a good time)

4 →

그는 / ~해 보인다 / 좋은. (look, good)

5 →

그 음악은 / ~하게 들린다 / 좋은. (sound, good)

6 →

그는 / ~처럼 보인다 / 모델. (look like, a model)

7 →

그것은 / ~처럼 들린다 / 좋은 아이디어. (sound like, a good idea)

8 →

UNIT 03 동사 want, like, look 문장공식

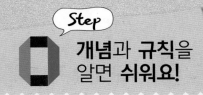

_____월 _____일

---

1 동사 want를 이용한 대화문을 알아봐요.

✏️ 동사 **want**를 이용한 대화문

💡 want를 이용하여 '~을 원하니?, ~하기를 원하니?'라고 물어볼 수 있고, 이에 대해 〈want+명사〉, 또는 〈want+to부정사〉를 써서 대답할 수 있어요.

What do you want?

너는 무엇을 원하니?

〈want+명사〉
I want apples.
나는 사과를 원해.

I want to eat apples.
나는 사과를 먹기를 원해.
〈want+to부정사〉

What do you want to be?
너는 무엇이 되기를 원하니?

I want to be a teacher.
나는 선생님이 되기를 원해.
〈want+to부정사〉

---

2 동사 like를 이용한 대화문을 알아봐요.

✏️ 동사 **like**를 이용한 대화문

💡 like를 이용하여 '~을 좋아하니?'라고 물어볼 수 있고, 이에 대해 〈like+명사〉, 〈like+to부정사〉 또는 〈like+동사의 -ing형〉을 써서 대답할 수 있어요.

What do you like?
너는 무엇을 좋아하니?

〈like+명사〉
I like grapes.
나는 포도를 좋아해.

〈like+~ing형〉
I like swimming.
나는 수영하는 것을 좋아해.

〈like+to부정사〉
I like to sing.
나는 노래하는 것을 좋아해.

---

3 동사 look을 이용한 대화문을 알아봐요.

✏️ 동사 **look**을 이용한 대화문

💡 '어떻게 생겼니?'라고 생김새를 물어볼 때는 look like를 써서 말해요. 이에 대한 대답은 반드시 look like를 쓰지 않아도 돼요.

What does she look like?
그녀는 어떻게 생겼니?

look like+명사
She looks like a model.
그녀는 모델처럼 보여.

일반동사 have
She has blue eyes.
그녀는 파란 눈을 가졌어.

골라 보면 문법이 저절로!

동사 want, like, look을 이용한 대화문 문제를 풀어봐요.

주어진 대답에 알맞은 질문을 골라 봐요.

알맞은 질문 고르기

1 I want grapes.
- ☑ What do you want?
- ☐ What do you like?

2 I like dancing.
- ☐ What does he look like?
- ☐ What do you like?

3 He is tall and fat.
- ☐ What do you want?
- ☐ What does he look like?

4 I want to be a doctor.
- ☐ What do you want to be?
- ☐ What do you like?

5 She looks like a doll.
- ☐ What do you want to be?
- ☐ What does she look like?

6 He has blond hair.
- ☐ What does he look like?
- ☐ What does she like?

주어진 질문에 알맞은 대답을 골라 봐요.

알맞은 대답 고르기

1 What do you want?
- ☑ I want some milk.
- ☐ She has curly hair.

2 What do you want to be?
- ☐ I like swimming.
- ☐ I want to be a pilot.

3 What do you like?
- ☐ I have brown eyes.
- ☐ I like music.

4 What does he look like?
- ☐ He looks like an actor.
- ☐ He likes singing.

5 What does she look like?
- ☐ She is very tall.
- ☐ She likes dancing.

6 What does she like?
- ☐ She is beautiful.
- ☐ She likes swimming.

2 바꿔 써보면 문장이 저절로!

동사 want, like, look의 문장 형태에 맞게 단어를 배열하고,
문장에 맞는 우리말을 써보세요.

① do, what, you, like, ?

문장 → What do you like?

우리말 → 너는 무엇을 좋아하니?

② do, be, what, want, you, to, ?

문장 →

우리말 →

③ look, she, what, does, like, ?

문장 →

우리말 →

④ you, do, what, want, ?

문장 →

우리말 →

⑤ to, I, like, draw, pictures

문장 →

우리말 →

→ 뒤에 나온 angel의 첫 글자인 a가 모음이라서 관사 an을 써요.

⑥ an, he, looks, angel, like

문장 →

우리말 →

Step 3 고쳐 써보면 문법이 저절로!

동사 want, like, look의 대화문 형태에 맞게 틀린 부분을
바르게 고쳐 문장을 써보세요.

1 What do you want?
– I <u>like</u> some water. → I want some water.

2 What do you want?
– I <u>like</u> some milk. →

3 What do you want to be?
– I <u>like</u> to be a nurse. →

4 What do you want to be?
– I <u>want be</u> a singer. →

5 What do you like?
– I <u>want</u> playing the violin. →

6 What do you like?
– I <u>want</u> skiing. →

7 What do they <u>look</u>?
– They have brown hair. →

8 What does she look like?
– She looks <u>like being</u> a
model. →

마무리 해석확인

① 너는 무엇을 원하니? – 나는 물을 좀 원해.
③ 너는 무엇이 되기를 원하니? – 나는 간호사가 되기를 원해.
⑤ 너는 무엇을 좋아하니? – 나는 바이올린 연주하는 것을 좋아해.
⑦ 그들은 어떻게 생겼니? – 그들은 갈색 머리를 가졌어.

② 너는 무엇을 원하니? – 나는 우유를 좀 원해.
④ 너는 무엇이 되기를 원하니? – 나는 가수가 되기를 원해.
⑥ 너는 무엇을 좋아하니? – 나는 스키 타는 것을 좋아해.
⑧ 그녀는 어떻게 생겼니? – 그녀는 모델처럼 보여.

1 다음 빈칸에 들어갈 알맞은 것은?

> You _____ a rabbit.

① look ② sound ③ want to
④ look like ⑤ like to

2 다음 빈칸에 들어갈 말로 짝지어진 것은?

> • I want _____ a nurse.
> • I like _____ on the stage.

① to is – dance ② be – to dancing ③ to be – dance
④ to am – dancing ⑤ to be – dancing

3 다음 빈칸에 공통으로 들어갈 말로 알맞은 것은?

> • I _____ after my little brother.
> • The food _____s delicious.

① sound ② look like ③ look
④ have ⑤ want

4 다음 단어의 순서를 바르게 배열한 것은?

> wants, she, a, be, doctor, to

① She wants be a to doctor. ② She wants be a doctor to.
③ She wants to a doctor be. ④ She wants to be a doctor.
⑤ She wants a doctor to be.

5 다음 중 어법상 올바른 것은?

① I like reading books.
② She wants swimming.
③ You look like great.
④ It sounds a good idea.
⑤ I want to being a police officer.

6 다음 밑줄 친 have의 뜻으로 알맞은 것은?

> I have pizza for dinner.

① 가지고 있다 ② 먹다 ③ 보내다
④ 병이 있다 ⑤ 원하다

[7~8] 다음 대화의 빈칸에 들어갈 알맞은 것을 고르시오.

7

A: _____
B: I want to be a singer.

① What do you like?　② What do you want to be?
③ What do you have?　④ What does she look like?
⑤ What do you want to have?

8

A: _____
B: She looks like a model.

① What does she want?　② What does she look?
③ What does she want to be?　④ What does she look like?
⑤ What do you look like?

서술형
문제

[9~11] 주어진 단어를 이용하여 질문에 알맞은 응답을 쓰시오.

9 Q: What do you like?　→　A: _____ (melons)

10 Q: What do you want?　→　A: _____ (eat dinner)

11 Q: What do you want to be?　→　A: _____ (fire fighter)

[12~13] 다음 대화에서 틀린 부분을 찾아 바르게 고치시오.

12

Sarah: What do you want to be?
Jim: I like to be a dancer.

_____ → _____

13

Juno: What does he like?
Mina: He is tall and handsome.

_____ → _____

119

PART

8

접속사와 명령문

Unit 1   햄버거와 감자 칩

접속사 공식

햄버거를 먹을까?
아니면 감자 칩을 먹을까?
흠... 나는 둘~다!

I will eat a burger *or* some chips.
I will eat a burger *and* some chips.

➕ 단어 미리 Check Up

snowy	☐ 비가 오는	✔ 눈이 내리는
healthy	☐ 건강한	☐ 아픈
plant	☐ 행성	☐ 식물
cute	☐ 키가 큰	☐ 귀여운
boil eggs	☐ 계란을 삶다	☐ 계란을 깨다
grandfather	☐ 할머니	☐ 할아버지

정답 눈이 내리는 / 건강한 / 식물 / 귀여운 / 계란을 삶다 / 할아버지

명령문 공식

병원을 가려면 어떻게 가야 하나요?
왼쪽으로 좌회전 하시면 안돼요.
오른쪽으로 꺾으세요.

Don't turn left.
Turn right.

🔂 단어 미리 Check Up

helmet	☐ 장갑	☐ 헬멧
touch	☐ 만지다	☐ 부시다
stay	☐ 사다	☐ 머무르다
curtain	☐ 창문	☐ 커튼
bedroom	☐ 화장실	☐ 침실
forget	☐ 잊다	☐ 기억하다

접속사로 연결된 명령문 공식

숙제 해라~
하지 않으면 알지?
네 선생님께서 엄~청 화나실 거야!

Do your homework, *or* your
teacher *will* be angry.

🔂 단어 미리 Check Up

choose	☐ 고르다	☐ 사다
Go straight.	☐ 우회전해라.	☐ 직진해라.
medicine	☐ 약	☐ 증상
rest	☐ 절제	☐ 휴식
fan	☐ 가구	☐ 선풍기
cool	☐ 시원한	☐ 더운

_____월 _____일

1 먼저 접속사가
무엇인지 알아봐요.

✏️ **접속사는 무엇인가요?**

💡 두 개 이상의 단어나 구, 절, 문장을 연결해 주는 것을 접속사라고 해요.
이때 연결되는 단어나 구, 절, 문장은 형태와 품사가 같아야 해요.

단어/구/절/문장	and but or	단어/구/절/문장

→ 이것이 접속사

2 접속사 and, but,
or에 대해 알아봐요.

✏️ **접속사 and, but, or는 어떤 의미가 있나요?**

and	그리고, ~와/과	I eat apples and drink juice. (나는 사과를 먹고 주스를 마신다.) It is sunny and hot. (화창하고 덥다.)
but	그러나, 하지만	She is old but healthy. (그녀는 나이가 많지만 건강하다.) I am young, but he is old. (나는 어리지만, 그는 나이가 많다.)
or	또는	He wants some coffee or juice. (그는 커피 또는 주스를 좀 원한다.) Is she short or tall? (그녀는 키가 작니 아니면 크니?)

✏️ **접속사 and, but, or가 문장 안에서 어떻게 쓰이나요?**

접속사 앞의 단어가 -ing형이면
뒤의 단어도 -ing형이고,
앞의 단어가 명사이면
뒤의 단어도 명사!
이렇게 접속사 앞뒤 단어의
형태와 품사가 같아야 해요.

and	서로 비슷한 내용을 연결할 때 씀.	It is cold and windy. (춥고 바람이 분다.) My dress is pretty and cheap. (내 드레스는 예쁘고 값이 싸다.)
but	서로 반대되는 내용을 연결할 때 씀.	This orange is small but expensive. (이 오렌지는 작지만 비싸다.) I like dancing, but I don't like singing. (나는 춤추는 것을 좋아하지만, 노래 부르는 것을 좋아하지 않는다.)
or	둘 중 하나를 선택할 때 씀.	Do you want to fry eggs or boil them? (달걀 프라이를 원하세요 아니면 삶기를 원하세요?)

and(그리고), but(그러나), or(또는)는 접속사예요.

접속사 고르기

1. 춥고 눈이 오는   cold (and)/ but snowy

2. 노란색 또는 파란색   yellow or / but blue

3. 나이가 들었지만 건강한   old and / but healthy

4. 예쁘고 친절한   pretty and / or kind

5. 화창하지만 추운   sunny or / but cold

6. 우유 또는 콜라   milk but / or Coke

접속사는 단어나 구, 절, 문장을 연결해 줘요.

접속사 고르기

1. chickens ☐ coke   ☑ and   ☐ but

2. short ☐ strong   ☐ or   ☐ but

3. three ☐ four books   ☐ or   ☐ but

4. by train ☐ by car   ☐ but   ☐ or

5. cake ☐ milk   ☐ but   ☐ and

6. like apples ☐ not bananas   ☐ but   ☐ or

①

I will drink (milk,
water).

문장 → I will drink milk or water.

우리말 → 나는 우유나 물을 마실 것이다.

②

(He is tall, I am short).

문장 →

우리말 →

③

Are those (animals,
plants)?

문장 →

우리말 →

④

It is (cold, windy).

문장 →

우리말 →

→ 날씨를 나타낼 때는 비인칭 주어 it을 써요.

⑤

(Mr. Kim is old, I am
young).

문장 →

우리말 →

⑥

I like (apples,
bananas).

문장 →

우리말 →

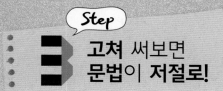
1 Jim <u>but</u> I are good students. → Jim and I are good students.

2 She is tall <u>or</u> strong. →

3 Which color do you like, yellow <u>but</u> blue? →

4 Tim is cute, <u>and</u> I am not cute. →

5 Is it yours <u>but</u> <u>hers</u>? →

→ '그녀의 것'이라는 뜻의 소유대명사예요.

6 My grandfather is very old <u>or</u> healthy. →

7 I like to dance <u>but</u> sing. →

8 Do you go to school by car <u>but</u> by bus? →

마무리 **해석확인**

① Jim과 나는 좋은 학생이다.   ② 그녀는 키가 크고 힘이 세다.   ③ 너는 노란색 또는 파란색 중에 어떤 색깔을 좋아하니?
④ Tim은 귀엽지만, 나는 귀엽지 않다.   ⑤ 그것은 네 것이니 아니면 그녀의 것이니?   ⑥ 우리 할아버지는 매우 나이가 많지만 건강하다.
⑦ 나는 춤추고 노래하는 것을 좋아한다.   ⑧ 너는 학교에 차를 타고 가니 아니면 버스를 타고 가니?

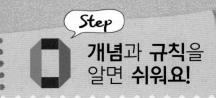

_____월_____일

1 명령문에 대해
알아봐요.

📝 명령문이 무엇인가요?

💡 상대방에게 어떤 동작을 '해라/하지 마라'라고 명령하거나 지시하는 문장을 명령문이라고 해요.

| 긍정 명령문 〉 | Open 열어라 | it. 그것을. |
| 부정 명령문 〉 | Don't open 열지 마라 | it. 그것을. |

2 명령문을 어떻게
쓰는지 알아봐요

📝 명령문은 어떻게 쓰나요?

💡 명령문은 말하는 대상이 You이므로 주어를 생략해요. 그러므로, 긍정 명령문은 주어 대신
동사원형으로 문장을 시작하고, 부정 명령문은 〈Don't+동사원형 ~.〉으로 써요.

긍정 명령문 〉 동사원형 ~.

부정 명령문 〉 Don't 동사원형 ~.

| 긍정 명령문 | | Close | the door. | 문을 닫아라. |
| 부정 명령문 | Don't | close | the door. | 문을 닫지 마라. |

| 긍정 명령문 | | Touch | this. | 이것을 만져라. |
| 부정 명령문 | Don't | touch | this. | 이것을 만지지 마라. |

📝 명령문의 의미에는 두 가지가 있어요.

💡 긍정 명령문은 '~해라'라는 뜻이고, 부정 명령문은 '~하지 마라'라는 뜻이에요.

긍정 명령문 〉 ~해라

부정 명령문 〉 ~하지 마라

| 긍정 명령문 | 앉아라. | Sit down. |
| 부정 명령문 | 앉지 말아라. | Don't sit down. |

| 긍정 명령문 | 창문을 열어라. | Open the window. |
| 부정 명령문 | 창문을 열지 말아라. | Don't open the window. |

> 명령문 맨 앞이나 뒤에
> please(부디, 제발)를 붙이면
> 좀 더 정중하게 부탁하는 표현이 돼요.
>
> Stand up, **please**. (일어나세요.)
> **Please**, be quiet. (조용히 하세요.)

골라 보면 문법이 저절로!

긍정 명령문은 〈동사원형 ~.〉으로 쓰고,
부정 명령문은 〈Don't+동사원형 ~.〉으로 써요.

긍정 명령문과 부정 명령문의 형태가 달라요.

명령문 고르기

1	조용히 하세요.	~~Be~~/Is quiet, please.
2	똑바로 가라.	Going/Go straight.
3	숙제를 해라.	Do/Did your homework.
4	창문을 열지 마라.	Not/Don't open the window.
5	여기에 앉지 마라.	Don't sit/Don't sitting here.
6	부끄러워하지 마라.	Don't am/Don't be shy.

긍정 명령문과 부정 명령문의 의미가 달라요.

명령문의 의미 고르기

1	Come here.	☑ 와라	☐ 오지 마라
2	Wear a helmet.	☐ 써라	☐ 쓰지 마라
3	Cut the potatoes.	☐ 잘라라	☐ 자르지 마라
4	Don't touch this.	☐ 만져라	☐ 만지지 마라
5	Don't close the window.	☐ 닫지 마라	☐ 닫아라
6	Don't run now.	☐ 뛰어라	☐ 뛰지 마라

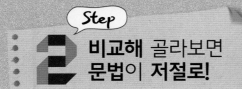
1

마셔라 / 이것을.

~~Drink~~ / Don't drink   this.

마시지 마라 / 이것을.

Drink / ~~Don't drink~~   this.

2

머물러라 / 여기에.

Stay / Don't stay   here.

머무르지 마라 / 여기에.

Stay / Don't stay   here.

3

먹지 마라 / 이 약을.

Take / Don't take   this medicine.

먹어라 / 이 약을.

Take / Don't take   this medicine.

4

요리해라 / 저녁을 / 지금.

Cook / Don't cook   dinner now.

요리하지 마라 / 저녁을 / 지금.

Cook / Don't cook   dinner now.

5

돌지 마라 / 왼쪽으로.

Turn / Don't turn   left.

돌아라 / 왼쪽으로.

Turn / Don't turn   left.

6

닫아라 / 커튼을.

Close / Don't close   the curtains.

닫지 마라 / 커튼을.

Close / Don't close   the curtains.

7

가지 마라 / 똑바로.

Go / Don't go   straight.

가라 / 똑바로.

Go / Don't go   straight.

8

만지지 마라 / 그 상자를.

Touch / Don't touch   the box.

만져라 / 그 상자를.

Touch / Don't touch   the box.

1 <u>Getting</u> some rest. → Get some rest.

2 <u>Is</u> nice to others. →

3 <u>Studied</u> English hard. →

4 <u>Cleaning</u> your bedroom now. →

5 Don't <u>eating</u> too much food. →

6 Don't <u>am</u> late for school. →

7 Don't <u>drank</u> too much milk at night. →

8 Don't <u>forgot</u> your umbrella. →

마무리 해석확인

① 휴식을 좀 취해라.　　　　② 다른 사람들에게 잘 해라.　　　　③ 영어를 열심히 공부해라.
④ 네 침실을 지금 청소해라.　　⑤ 너무 많은 음식을 먹지 마라.　　⑥ 학교에 늦지 마라.
⑦ 밤에 너무 많은 우유를 마시지 마라.　⑧ 네 우산을 잊지 마라.

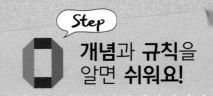
_____월 _____일

1 접속사로 연결된 명령문 문장에 대해 알아봐요.

● 〈명령문+and+명령문〉 문장은 '~해라, 그리고 ~해라'라는 뜻이에요.

명령문	and	명령문.
~해라	그리고	~해라.

● 〈명령문+and/or+you will〉 문장은 '~해라, 그러면[그렇지 않으면] 너는 ~할 것이다'라는 뜻이에요.

콤마로 연결하고 and / or는 '그러면 / 그렇지 않으면'의 의미가 돼요.

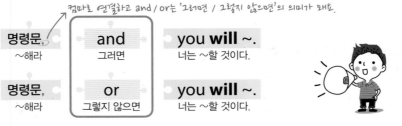

명령문,	and	you **will** ~.
~해라	그러면	너는 ~할 것이다.
명령문,	or	you **will** ~.
~해라	그렇지 않으면	너는 ~할 것이다.

2 접속사로 연결한 명령문 문장을 어떻게 쓰는지 알아봐요.

✎ 〈명령문+and+명령문〉 문장은 어떻게 쓰나요?

◉ 두 개의 명령문을 접속사 and로 연결해요. 이때 접속사 앞뒤 2개의 명령문은 길을 가르쳐 주거나 건강 또는 생활 습관에 대해 충고를 하는 등 비슷한 상황을 나타내요.

Go straight	and	turn left.
직진해라	그리고	왼쪽으로 돌아라.

Take this medicine	and	sleep well.
이 약을 먹어라	그리고	잘 자라.

〈명령문, and / or ~.〉 문장은 인과 관계로 이해하면 쉬워요!

이 약을 먹어라
┌ 그러면(and) → 너는 나을 것이다.
└ 그렇지 않으면(or) → 너는 낫지 않을 것이다.

✎ 〈명령문, and/or ~.〉 문장은 어떻게 쓰나요?

◉ 접속사 and를 쓰면 명령을 지킬 경우, or를 쓰면 명령을 안 지킬 경우이며, 접속사 뒤에 〈주어+will ~.〉 문장을 써서, 명령을 지키거나 안 지킬 경우 미래에 일어날 일을 나타내요.

Take this medicine,	and	you **will** get better.
이 약을 먹어라	그러면	너는 좋아질 것이다.
Wake up now,	or	you **will** be late.
지금 일어나라	그렇지 않으면	너는 늦을 것이다.

골라 보면 문법이 저절로!

접속사로 연결된 명령문 문장 형태에 맞게
접속사의 위치와 알맞은 접속사를 골라 봐요.

명령문과 명령문을 접속사 and로 연결해요.

접속사 위치 고르기

1 Turn right ① go ② straight.　☑ ①　☐ ②

2 Drink ① milk ② eat apples.　☐ ①　☐ ②

3 Close ① the door ② listen to the music.　☐ ①　☐ ②

4 Wash your face ① brush your ② teeth.　☐ ①　☐ ②

5 Choose a pen ① buy ② it.　☐ ①　☐ ②

6 Open the window ① clean ② the room.　☐ ①　☐ ②

명령문과 인과 관계를 나타내는 문장 사이에 접속사를 써요.

접속사 고르기

1 Drink water, ☐☐☐☐ you will be thirsty.　☐ and　☑ or

2 Eat vegetables, ☐☐☐☐ you will be healthy.　☐ and　☐ or

3 Close the window, ☐☐☐☐ you'll be warm.　☐ and　☐ or

4 Give me presents, ☐☐☐☐ I will be happy.　☐ and　☐ or

5 Wear a jacket, ☐☐☐☐ you'll be cold.　☐ and　☐ or

6 Clean the room, ☐☐☐☐ I will be angry.　☐ and　☐ or

알맞은 접속사를 이용해서 두 문장을 한 문장으로 연결하고,
문장에 맞는 우리말을 써보세요.

1

Drink warm water.
+ Go to bed early.

문장 → Drink warm water and go to bed early.

우리말 → 따뜻한 물을 마시고 일찍 잠자리에 들어라.

2

Take this medicine.
+ Get some rest.

문장 →

우리말 →

3

Go straight.
+ Turn left.

문장 →

우리말 →

4

→항상 복수형으로 써요.

Wear pajamas.
+ Sleep well.

문장 →

우리말 →

5

Eat vegetables.
+ You will be healthy.

문장 →

우리말 →

6

Come home early.
+ Your mom will be
  angry.

문장 →

우리말 →

써라 / 헬멧을 / 그리고 / 타라 / 자전거를. (a helmet, a bike)

1 → Wear a helmet and ride a bike.

읽어라 / 이 영어책을 / 그리고 / 해라 / 네 숙제를. (English book, your homework)

2 →

먹어라 / 채소를 / 그러면 / 너는 / 될 것이다 / 건강한. (vegetables, healthy)

3 →

사용해라 / 이 선풍기를 / 그러면 / 너는 / 될 것이다 / 시원한. (fan, cool)

4 →

써라 / 편지를 / 네 엄마에게 / 그러면 / 그녀는 / 될 것이다 / 행복한. (letter, your mom, happy)

5 →

늦지 마라 / 그렇지 않으면 / 나는 / 할 것이다 / 화난. (late, angry)

6 →

서둘러라 / 그렇지 않으면 / 너는 / 할 것이다 / 늦은. (hurry up, late)

7 →

먹어라 / 이 음식을 / 그렇지 않으면 / 너는 / 할 것이다 / 배고픈. (food, hungry)

8 →

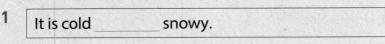

[1~2] 다음 빈칸에 들어갈 알맞은 말을 고르시오.

1
> It is cold _____ snowy.

① and   ② but   ③ or
④ ×   ⑤ look

2
> Wake up now, _____ your mom will be angry.

① sound   ② and   ③ or
④ ×   ⑤ but

[3~4] 다음 빈칸에 공통으로 들어갈 말로 알맞은 것을 고르시오.

3
> • He will go there by train _____ by car.
> • Wear a coat, _____ you'll be cold.

① and   ② but   ③ it
④ or   ⑤ that

4
> • This is small _____ heavy.
> • I like chocolate, _____ my brother doesn't like it.

① and   ② but   ③ or
④ so   ⑤ that

[5~6] 다음 빈칸에 들어갈 말로 짝지어진 것을 고르시오.

5
> • _____ up early tomorrow, please.
> • Do you want some coffee _____ milk?

① Get – and   ② Getting – or   ③ Get – or
④ Get – but   ⑤ Getting – and

6
> • _____ in this hallway.
> • Go straight _____ turn left.

① Don't running – but   ② Don't running – and
③ Don't run – but   ④ Don't ran – but
⑤ Don't run – and

Note

[7~8] 다음 중 어법상 올바른 문장을 고르시오.

7 ① Be happy.　　　　　　② Don't being so sad.
③ Don't smoking here.　　④ Is nice to others, please.
⑤ Don't turned off the light.

Note

8 ① Hurry up, and you will be late.
② See a doctor, or you will get better.
③ Drink water, and you will be thirsty.
④ Eat vegetables, and you will be healthy.
⑤ Do your homework, and your teacher will be angry.

서술형
문제

[9~10] 다음 우리말에 맞게 빈칸에 알맞은 단어를 쓰시오.

9
조심해라, 그렇지 않으면 너는 창문을 깰 것이다.

→ Be careful, _____ you will break the window.

10
빨간색과 파란색 중에 너는 어떤 색깔을 좋아하니?

→ Which color do you like, red _____ blue?

[11~12] 다음 문장에서 틀린 부분을 찾아 바르게 고치시오.

11
Today, it is sunny and cold.　　　　　　_____ → _____

12
Don't wearing a helmet now.　　　　　　_____ → _____

13 다음 대화의 내용과 같도록 빈칸에 알맞은 말을 쓰시오.

Jim: I have a dog.
Sam: Oh, really? Do you have another pet?
Jim: Yes, I have a cat, too.

Jim has a dog _____ a cat.

초등 영문법, 쓸 수 있어야 진짜 문법이다!

문법이 쓰기다

WORKBOOK · 기본 2

① 서술형 대비 특별구성
문장쓰기 워크북

② Part별 단어테스트
단어 테스트 문제지

K

교육 R&D에 앞서가는
Key 키출판사

초등 영문법, 쓸 수 있어야 진짜 문법이다!

문법이 쓰기다

WORKBOOK

기본 2

서술형 대비
문장쓰기 워크북

(p.2~49)

주어	be동사 과거형	
대표문장 ❶	**I**	**was**	**a student.**
	나는	이었다	학생.

[be동사 과거형 변화공식 1] be동사 과거형은 was와 were의 두 가지 형태로 쓸 수 있다.

I	am	a singer.	나는 가수**이다**.
	↓		
I	was	a singer.	나는 가수**였다**.

현재형	과거형
am	was
is	
are	were

Let's Write 서술형

1 I am a nurse. → I [was] [a nurse] .

2 She is a painter. → She [ ] [ ] .

3 They are students. → They [ ] [ ] .

4 It is on the sofa. → It [ ] [ ] .

5 They are near my house. → They [ ] [ ] .

6 그것은 내 가방이었다. (my bag) → [ ]

7 그녀는 가수였다. (a singer) → [ ]

8 우리는 빵집에 있었다. (at the bakery) → [ ]

9 그들은 도서관에 있었다. (in the library) → [ ]

10 나는 집에 있었다. (at home) → [ ]

대표문장 ❷

They (주어) **were** (be동사 과거형) **at the bank.**

그들은   있었다   은행에.

[be동사 과거형 변화공식 2] be동사 과거형은 주어에 따라 was와 were의 두 가지 형태로 쓸 수 있다.

I / He / She / It	was	at school.
You / We / They	were	

Let's Write 서술형

1 We were singers. → They | were | | singers | .

2 He was a writer. → She | | | | .

3 We were on the third floor. → He | | | | .

4 She was in the museum. → We | | | | .

5 They were on the stage. → It | | | | .

6 나는 교수였다. (a professor) → | |

7 그것은 그의 책이었다. (his book) → | |

8 그들은 같은 반에 있었다. (in the same class) → | |

9 우리는 바닷가에 있었다. (at the beach) → | |

10 그는 집에 있었다. (at home) → | |

정답은 p.61

3

주어	be동사 과거형		과거를 나타내는 부사

대표문장 ❶

I	was	a cook	before.
나는	였다	요리사	전에.

[과거를 나타내는 표현] 과거를 나타내는 표현들은 문장 속에서 해당 문장이 과거시제임을 나타낸다.

yesterday	어제	last year	작년에
last week	지난주	two hours ago	두 시간 전에
last night	어젯밤	before	전에

Let's Write 서술형

1 They <u>are</u> in the same class 4 years ago.

→ They | were | in the same class | 4 years ago | .

2 It <u>is</u> on the table 2 hours ago.

→ It | | | | .

3 She <u>is</u> in China last year.

→ She | | | | .

4 He <u>is</u> in his room last night.

→ He | | | | .

5 They <u>are</u> doctors before.

→ They | | | | .

6 그들은 3년 전에 무용수였다.
(dancers, 3 years ago)
→

7 우리는 작년에 13살이었다.
(13 years old, last year)
→

8 그는 전에 배우였다.
(actor, before)
→

9 그는 3시간 전에 화장실에 있었다.
(in the bathroom, 3 hours ago)
→

10 그녀는 전에 내 친구였다.
(my friend, before)
→

We 우리는 | **were** 있었다 | **at school.** 학교에.

be동사 과거형 | 장소

[**be동사 과거형 뒤에 오는 말**] be동사 과거형은 뒤에 오는 말에 따라 '였다' 또는 '~에 있었다'의 의미로 쓴다.

be동사 과거형	직업, 나이(~였다)	I was **a singer**. (나는 가수**였다**.)
	장소, 소속(~에 있었다)	We were **in the same class**. (우리는 같은 반에 **있었다**.)

Let's Write 서술형

1 They were artists. → 그들은 [예술가였다] .

2 She was 12 years old. → 그녀는 [　　　] .

3 I was a reporter. → 나는 [　　　] .

4 We were in the same group. → 우리는 [　　　] .

5 It was in the living room. → 그것은 [　　　] .

6 그는 간호사였다. (a nurse) → [　　　]

7 우리는 농부였다. (farmers) → [　　　]

8 그 학교는 우리 집 근처에 있었다.
(near my house) → [　　　]

9 그는 우리 반에 있었다.
(in my class) → [　　　]

10 그것은 침대 밑에 있었다.
(under the bed) → [　　　]

정답은 p.61

주어	be동사 과거 + not	
대표문장 ❶	**I** 나는	**was not** ~에 없었다 / ~가 아니었다	**in the gym.** 체육관에.

[**be동사 과거형 부정문**] was나 were 다음에 not을 붙이며, wasn't와 weren't로 줄여 쓸 수 있다.

I	was	in the gym.	나는 체육관에 **있었다.**
↓			
I	was not(=wasn't)	in the gym.	나는 체육관에 **없었다.**

Let's Write 서술형

1 It was my bed. → It [was not] [my bed] .

2 She was a farmer. → She [   ] [   ] .

3 They were painters. → They [   ] [   ] .

4 She was at the post office. → She [   ] [   ] .

5 I was in Japan. → I [   ] [   ] .

6 나는 무용수가 아니었다. (a dancer) → [   ]

7 그는 11살이 아니었다. (11 years old) → [   ]

8 우리는 쇼핑몰에 있지 않았다. (at the mall) → [   ]

9 나는 집에 있지 않았다. (at home) → [   ]

10 Tom은 가게에 있지 않았다. (at the store) → [   ]

6

대표문장 ❷

be동사 과거형	주어	
Was 있었니	**she** 그녀는	**at the theater?** 영화관에?

[**be동사 과거형 의문문**] 의문문은 주어와 be동사의 위치를 바꿔서 쓰며, '~였니?, ~에 있었니?'라는 의미를 가진다.

She	was	at the theater.	그녀는 영화관에 **있었다.**

Was	she	at the theater?	그녀는 영화관에 **있었니?**

Let's Write 서술형

1 It was a market. → | Was | | it | a market ?

2 They were nurses. → ☐ ☐ nurses?

3 You were a pianist. → ☐ ☐ a pianist?

4 Your dad was in Japan. → ☐ ☐ in Japan?

5 It was on the desk. → ☐ ☐ on the desk?

6 그는 교사였니? (a teacher) → ☐

7 그녀는 네 엄마였니? (your mom) → ☐

8 그들은 부엌에 있었니? (in the kitchen) → ☐

9 너는 1층에 있었니? (on the first floor) → ☐

10 그들은 도서관에 있었니? (in the library) → ☐

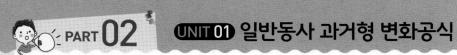

대표문장 ①

주어 | 일반동사 과거형
I — **cleaned** — **my room.**
나는 — 청소했다 — 내 방을.

[일반동사 과거형 변화공식 1] 일반동사 과거형은 '했다' 등 과거에 있었던 일을 표현할 때 쓰며, 형태가 규칙적으로 변한다.

대부분의 동사	−ed를 붙여요.	talk → **talked**
−e로 끝나는 동사	−d를 붙여요.	like → **liked**
〈자음 + −y〉로 끝나는 동사	y를 i로 바꾸고 −ed를 붙여요.	study → **studied**
〈단모음 + 단자음〉으로 끝나는 동사	자음을 한 번 더 쓰고 −ed를 붙여요.	stop → **stopped**

Let's Write 서술형

1 I (study) Chinese. → I studied Chinese .

2 She (cry) loudly. → She _____ _____ .

3 He (open) a restaurant. → He _____ _____ .

4 I (help) my mom. → I _____ _____ .

5 He (drop) the wallet. → He _____ _____ .

6 그들은 설거지를 했다. (wash, the dishes) → _____

7 나는 버스를 멈췄다. (stop, the bus) → _____

8 그녀는 우유를 원했다. (want, milk) → _____

9 우리는 한국에 살았다. (live, in Korea) → _____

10 그들은 고기를 원했다. (want, meat) → _____

대표문장 ❷

주어
I
나는

일반동사 과거형
read
읽었다

a book.
책을.

[**일반동사 과거형 변화공식 2**] 일반동사 과거형은 동사에 따라 형태가 바뀌는데, 다음과 같이 불규칙하게 변하기도 한다.

불규칙하게 변하는 동사	do → **did** drink → **drank** write → **wrote**	go → **went** see → **saw** draw → **drew**	have → **had** meet → **met** tell → **told**	make → **made** run → **ran** give → **gave**	eat → **ate** take → **took**
변하지 않는 동사	read → **read**	cut → **cut**	put → **put**	hit → **hit**	

Let's Write 서술형

1 They (do) their homework. → They [did] [their homework] .

2 She (go) home. → She [   ] [   ] .

3 I (write) a letter. → I [   ] [   ] .

4 We (draw) pictures. → We [   ] [   ] .

5 They (eat) dinner. → They [   ] [   ] .

6 나는 네 열쇠를 봤다. (see, your key) → [   ]

7 그녀는 커피를 마셨다. (drink, coffee) → [   ]

8 그는 피자를 만들었다. (make, pizza) → [   ]

9 나는 그 종이를 잘랐다. (cut, the paper) → [   ]

10 그들은 우리 엄마를 만났다. (meet, my mom) → [   ]

정답은 p.62

9

대표문장 ❶

| I | did not | watch | TV. |

did+not ~하지 않았다 | 동사원형 보다

나는 | | | TV를.

[일반동사 과거형 부정문] 부정문은 주어와 동사 사이에 did not 또는 축약형인 didn't를 쓰고 동사원형을 써요.

| I | watched | TV. | 나는 TV를 봤다. |
| I | did not(=didn't) watch | TV. | 나는 TV를 보지 않았다. |

Let's Write 서술형

1 We rode bikes. → We [did not(=didn't)] [ride] [bikes] .

2 The baby slept well. → The baby [ ] [ ] [ ] .

3 I dried my hair. → I [ ] [ ] [ ] .

4 Layla danced. → Layla [ ] [ ] .

5 They ate noodles. → They [ ] [ ] [ ] .

6 그녀는 피아노를 치지 않았다. (play, the piano) → [ ]

7 우리는 새 차를 사지 않았다. (buy, a new car) → [ ]

8 그는 내 친구를 만나지 않았다. (meet, my friend) → [ ]

9 그들은 그 가방을 들지 않았다. (carry, the bag) → [ ]

10 그들은 그 의자를 밀지 않았다. (push, the chair) → [ ]

Did	주어	동사원형

대표문장 ②

Did she **watch** TV?
했니   그녀는   보다   TV를?

[**일반동사 과거형 의문문**] '~했니?'의 뜻으로, 문장 처음에 Did를 쓰고 주어 다음에는 동사원형을 쓴다.

She	watched	TV.	그녀는 TV를 **봤다**.

↓

Did	She	watch	TV?	그녀는 TV를 **봤니**?

Let's Write 서술형

1 You swam well. → | Did | you | swim | well?

2 They sang a song. → | | | | a song?

3 He washed his face. → | | | | his face?

4 She played tennis. → | | | | tennis?

5 You brushed your teeth. → | | | | your teeth?

6 그녀는 그 버스를 멈췄니? (stop, the bus) → | |

7 너는 캐나다에 살았니? (live, in Canada) → | |

8 네 남동생은 저녁을 먹었니? (eat, dinner) → | |

9 너는 네 삼촌을 방문했니? (visit, your uncle) → | |

10 너는 잘 잤니? (sleep, well) → | |

정답은 p.62

대표문장 ①

be동사	**I**	**was** **a student.**
일반동사	**I**	**cleaned** **my room.**

[be동사와 일반동사 과거형의 차이 1] be동사의 과거형과 일반동사 과거형은 동사가 변하는 차이가 있다.

be동사의 과거형		일반동사의 과거형	
→ **주어**에 의해 동사가 변한다.		→ **동사 자체**가 변한다.	
I / She / He / It이 주어일 때 동사는 **was**	You / We / They가 주어일 때 동사는 **were**	규칙변화	불규칙변화
		talk**ed**. live**d**…	read, went…

Let's Write 서술형

1 They (read / were) farmers. → They [were] [farmers] .

2 We (were / played) 13 years old. → We [ ] [ ] .

3 I (was / painted) the wall. → I [ ] [ ] .

4 She (took / was) a picture. → She [ ] [ ] .

5 She (was / lived) a singer. → She [ ] [ ] .

6 그들은 가게에 있었다. (at the store) → [ ]

7 우리는 거실에 있었다. (in the living room) → [ ]

8 그녀는 야구를 했다. (baseball) → [ ]

9 그는 피자를 만들었다. (pizza) → [ ]

10 그들은 저녁을 요리했다. (dinner) → [ ]

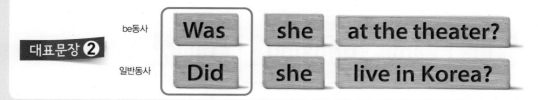

대표문장 ❷

be동사 **Was** she **at the theater?**

일반동사 **Did** she **live in Korea?**

[be동사와 일반동사 과거형의 차이 2] be동사의 과거형과 일반동사 과거형은 문장의 종류에 따라 다른 형태로 변한다.

	be동사의 과거형	일반동사의 과거형
긍정	주어 + was / were ~.	주어 + 일반동사 과거형 ~.
부정	주어 + was / were + not(=wasn't / weren't) ~.	주어 + did not(=didn't) + 동사원형 ~.
의문	Was / Were + 주어 ~?	Did + 주어 + 동사원형 ~?

Let's Write 서술형

1 She (wasn't / didn't) a student. → She [wasn't] [a student] .

2 They (didn't / weren't) doctors. → They [   ] [   ] .

3 You (weren't / walked) a reporter. → You [   ] [   ] .

4 He (didn't eat / wasn't eat) meat. → He [   ] [   ] .

5 I (was not take / did not take) a picture. → I [   ] [   ] .

6 (Were / Did) you a reporter? → [   ]

7 (Did / Was) he your friend? → [   ]

8 (Did / Were) they in the kitchen? → [   ]

9 (Was / Did) you have dinner? → [   ]

10 (Was / Did) you sleep well? → [   ]

정답은 p.63

be동사 | 동사원형+ing

대표문장 ❶ | I | am | drinking | milk.
나는 / 마시고 있다 / 우유를.

[진행형 변화공식] 진행형은 '~하고 있(었)다'의 의미로, 어느 시점에서 진행 중인 동작을 나타낸다.

| I | drink | milk. | 나는 우유를 **마신다.** |
| I | am drinking | milk. | 나는 우유를 **마시고 있다.** |

Let's Write 서술형

1 am, I, a sandwich, eating
(나는 샌드위치를 먹고 있다.)
→ I [am] [eating] a sandwich.

2 TV, watching, he, is
(그는 TV를 보고 있다.)
→ He [ ] [ ] TV.

3 are, coming, they, to my house.
(그들은 우리 집에 오고 있다.)
→ They [ ] [ ] to my house.

4 am, I, ribbons, tying
(나는 리본을 묶고 있다.)
→ I [ ] [ ] ribbons.

5 she, the car, is, driving
(그녀는 그 차를 운전하고 있다.)
→ She [ ] [ ] the car.

6 Min은 주스를 마시고 있다.
(drink, juice)
→ [ ]

7 나는 자전거를 타고 있다.
(ride, a bike)
→ [ ]

8 그녀는 정원에서 걷고 있다.
(walk, in the garden)
→ [ ]

9 우리는 빵을 굽고 있다.
(bake, bread)
→ [ ]

10 그들은 그 방을 청소하고 있다.
(clean, the room)
→ [ ]

I am reading a book.

나는   읽고 있다   책을.

be동사 / 동사원형+ing

[진행형의 -ing형 변화공식] 동사의 -ing형은 동사마다 달라진다.

대부분의 동사	동사원형에 -ing를 붙여요.	read → **reading**
〈자음 + -e〉로 끝나는 동사	마지막 e를 없애고 -ing를 붙여요.	make → **making**
〈단모음 + 단자음〉으로 끝나는 동사	마지막 자음을 한 번 더 쓰고 -ing를 붙여요.	cut → **cutting**
-ie로 끝나는 동사	-ie를 -y로 바꾸고 -ing를 붙여요.	tie → **tying**

Let's Write 서술형

1 I cut the paper.   → I [am] [cutting] the paper.

2 She ties the rope.   → She [   ] [   ] the rope.

3 I read the newspaper.   → I [   ] [   ] the newspaper.

4 I draw pictures.   → I [   ] [   ] pictures.

5 They make pizza.   → They [   ] [   ] pizza.

6 우리는 저녁을 먹고 있다.
(eat, dinner)   → [   ]

7 그들은 강에서 수영하고 있다.
(swim, in the river)   → [   ]

8 그녀는 노래를 부르고 있다.
(sing, a song)   → [   ]

9 그는 음식을 요리하고 있다.
(cook, food)   → [   ]

10 우리 아빠는 그 차를 고치고 있다.
(fix, the car)   → [   ]

정답은 p.63

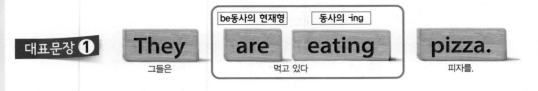

be동사의 현재형　　동사의 -ing

대표문장 ❶　They　are　eating　pizza.
그들은　　　먹고 있다　　　피자를.

[현재진행형 문장공식] 현재진행형은 지금 현재 계속되는 동작을 나타내는 것으로, '~하고 있다'라는 의미가 있다.

I	am	
You / We / They	are	eating pizza.
He / She / It	is	

Let's Write 서술형

1　I am playing games.　→ She ┃ is playing ┃ ┃ games ┃ .

2　She is playing the piano.　→ They ┃ ┃ ┃ ┃ .

3　We are watching TV.　→ He ┃ ┃ ┃ ┃ .

4　She is pushing the chair.　→ I ┃ ┃ ┃ ┃ .

5　They are eating oranges.　→ She ┃ ┃ ┃ ┃ .

6　우리는 그릇을 씻고 있다.
(wash, the dishes)　→ ┃ ┃

7　그는 그의 숙제를 하고 있다.
(do, his homework)　→ ┃ ┃

8　그녀는 사진을 찍고 있다.
(take, pictures)　→ ┃ ┃

9　그들은 빠르게 뛰고 있다.
(run, fast)　→ ┃ ┃

10　나는 자전거를 타고 있다.
(ride, a bike)　→ ┃ ┃

대표문장 ❷ **We** **were** **drawing** **pictures.**
우리는   그리고 있었다   그림을.

[**과거진행형 문장공식**] 과거진행형은 과거에 진행되고 있었던 동작을 나타내는 것으로, '～하고 있었다'라는 의미가 있다.

| I / He / She / It | **was** | drawing pictures. |
| You / We / They | **were** | |

Let's Write 서술형

1 I was watering plants. → They [were watering] [plants] .

2 We were dancing on the stage. → He [   ] [   ] .

3 I was reading the newspaper. → We [   ] [   ] .

4 They were playing tennis. → She [   ] [   ] .

5 I was climbing the mountain. → It [   ] [   ] .

6 우리는 우유를 마시고 있었다.
(drink, milk) → [   ]

7 그는 우리 엄마를 돕고 있었다.
(help, my mom) → [   ]

8 그녀는 커피를 만들고 있었다.
(make, coffee) → [   ]

9 그는 내 펜을 사용하고 있었다.
(use, my pen) → [   ]

10 나는 내 차를 운전하고 있었다.
(drive, my car) → [   ]

정답은 p.63

be동사+not 　동사의 -ing

대표문장 ❶ | **I** | **am/was not** | **playing** | **the guitar.**
나는 　연주하고 있지 않(았)다 　기타를.

[**진행형 부정문**] 진행형의 부정문은 be동사와 동사의 -ing형 사이에 not을 붙이며, '~하고 있지 않(았)다'의 의미이다.

| I | am not / was not | playing the guitar. | 나는 기타를 연주하고 있지 **않다.** |
| | | | 나는 기타를 연주하고 있지 **않았다.** |

Let's Write 서술형

1　My mom is drinking coffee.　→ My mom ┃ is not ┃ drinking ┃ coffee.

2　We are having a party.　→ We ┃ ┃ ┃ a party.

3　He was baking a cake.　→ He ┃ ┃ ┃ a cake.

4　I was playing the piano.　→ I ┃ ┃ ┃ the piano.

5　She was swimming.　→ She ┃ ┃ ┃ .

6　그는 그 공을 차고 있지 않다.
(kick, the ball)　→

7　나는 자전거를 타고 있지 않다.
(ride, a bike)　→

8　우리 아빠는 케이크를 만들고 있지 않다.
(make, a cake)　→

9　그는 연을 날리고 있지 않았다.
(fly, a kite)　→

10　우리는 편지를 쓰고 있지 않았다.
(write, a letter)　→

대표문장 ❷

Be동사	주어	동사원형+-ing형	
Is / Was	**she**	**fixing**	**the car?**
있(었)니	그녀는	고치다	차를?

[진행형 의문문] 진행형의 의문문은 '~하고 있(었)니?'라는 의미로, be동사와 주어의 위치를 바꿔서 쓴다.

She	**is(was)**	fixing the car.	그녀는 차를 고치고 **있(었)다.**

Is(Was)	she	fixing the car?	그녀는 차를 고치고 **있(었)니?**

Let's Write 서술형

1 She is teaching math. → [Is] [she] [teaching] math?

2 He is waiting for me. → [ ] [ ] [ ] for me?

3 They were moving the chair. → [ ] [ ] [ ] the chair?

4 Kate was fixing the computer. → [ ] [ ] [ ] the computer?

5 You were listening to the music. → [ ] [ ] [ ] to the music?

6 그는 벽을 칠하고 있니?
(paint, the wall) → [   ]

7 너는 줄을 묶고 있니?
(tie, a rope) → [   ]

8 그녀는 고기를 먹고 있었니?
(eat, meat) → [   ]

9 우리는 기타를 연주하고 있었니?
(play, the guitar) → [   ]

10 그녀는 점심을 먹고 있었니?
(have, lunch) → [   ]

정답은 p.64

대표문장 ① I **will use** my pen.

나는 사용할 것이다 내 펜을.

미래형 will 동사원형

[**미래형 will**] 미래형은 '~할 것이다'의 뜻으로, 아직 일어나지 않은, 즉 앞으로 일어날 일의 예측이나 계획을 나타낸다.

| I | **use** | my pen. | 나는 내 펜을 **사용한다.** |

↓

| I | **will use** | my pen. | 나는 내 펜을 **사용할 것이다.** |

Let's Write 서술형

1 will, I, buy, some fruits → I [will] [buy] some fruits.

2 she, a doctor, see, will → She [ ] [ ] a doctor.

3 we, exercise, will, at school → We [ ] [ ] at school.

4 they, the desk, fix, will → They [ ] [ ] the desk.

5 will, he, his robot, sell, → He [ ] [ ] his robot.

6 그는 야구를 할 것이다.
(baseball) → [ ]

7 나는 사진을 찍을 것이다.
(take, a photo) → [ ]

8 그녀는 춤을 출 것이다.
(dance) → [ ]

9 우리는 집에 갈 것이다.
(go, home) → [ ]

10 그들은 창문을 닫을 것이다.
(close, the window) → [ ]

대표문장 ②　I　will　clean　this room　later.
나는　청소할 것이다　이 방을　나중에.

[때를 나타내는 표현들] 때를 나타내는 표현들로 과거와 현재, 미래시제를 구분할 수 있다. 시제에 따라 동사의 형태는 달라진다.

과거	last week(지난주), yesterday(어제), before(전에)	I **cleaned** this room **last week**.
현재	now(지금), right now(바로 지금)	I **clean** this room **now**.
미래	tomorrow(내일), later(나중에), tonight(오늘 밤), next week(다음 주)	I **will clean** this room **later**.

Let's Write 서술형

1　I sleep early.　→ I [will sleep] [early] tonight.

2　He opens a restaurant.　→ He [   ] [   ] next week.

3　They watched a soccer game.　→ They [   ] [   ] tomorrow.

4　She reads many books.　→ She [   ] [   ] later.

5　I take a train.　→ I [   ] [   ] tomorrow.

6　우리는 내년에 한국에서 살 것이다.
(in Korea, next year)　→ [   ]

7　그는 내게 오늘 밤 전화할 것이다.
(call, tonight)　→ [   ]

8　그녀는 내일 나를 만날 것이다.
(meet, tomorrow)　→ [   ]

9　그는 나중에 축구를 할 것이다.
(soccer, later)　→ [   ]

10　나는 내년에 12살이 될 것이다.
(12 years old, next year)　→ [   ]

정답은 p.64

대표문장 ❶ | **I** | 미래형 be going to **am going to** | 동사원형 **visit** | **my uncle.**

나는 ~할 것이다 방문하다 내 삼촌을.

[**미래형 be going to**] 미래형 be going to는 '~할 예정이다'라는 뜻으로, 앞으로 일어날 일을 나타낸다.

| I | often visit | my uncle. | 나는 종종 삼촌을 **방문한다**. |

↓

| I | am going to visit | my uncle. | 나는 삼촌을 **방문할 것이다**. |

Let's Write 서술형

1 stay, at this hotel, we, are going to
→ We [are going to] [stay] at this hotel.

2 am going to, a new house, find, I
→ I [ ] [ ] a new house.

3 my mom, cook, food, is going to
→ My mom [ ] [ ] food.

4 they, are going to, a pen, buy
→ They [ ] [ ] a pen.

5 outside, are going to, play, we
→ We [ ] [ ] outside.

6 나는 캠프에 참가할 것이다.
(join, a camp)
→ [ ]

7 그들은 다른 사람들을 도와줄 것이다.
(help, others)
→ [ ]

8 그녀는 저녁을 먹을 것이다.
(eat, dinner)
→ [ ]

9 그는 시를 쓸 것이다.
(write, a poem)
→ [ ]

10 나는 일찍 잘 것이다.
(sleep, early)
→ [ ]

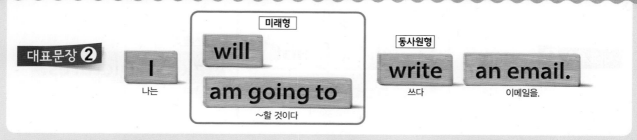

[미래형 will과 be going to] 미래형 will과 be going to는 동일한 뜻으로 미래에 할 일이나 다가올 일을 표현할 때 쓴다.

I	**will**	write an email.	나는 이메일을 **쓸 것이다.**
I	**am going to**	write an email.	나는 이메일을 **쓸 것이다.**

Let's Write 서술형

1 We will learn Japanese. → We [are going to] [learn] Japanese.

2 She will change the menu. → She [   ] [   ] the menu.

3 They are going to join the team. → They [   ] [   ] the team.

4 My mom is going to read books. → My mom [   ] [   ] books.

5 I am going to have a party. → I [   ] [   ] a party.

6 나는 시계를 살 것이다.
(will, buy, a watch) → [   ]

7 그는 수학을 공부할 것이다.
(will, study, math) → [   ]

8 그녀는 노래를 할 것이다.
(will, sing, a song) → [   ]

9 그는 그 문을 열 것이다.
(be going to, open, the door) → [   ]

10 나는 내 방을 청소할 것이다.
(be going to, clean, my room) → [   ]

정답은 p.65

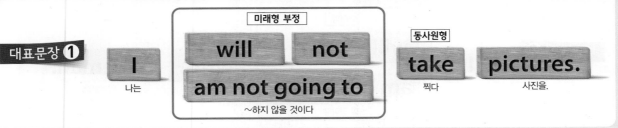

미래형 부정

대표문장 ❶ | I 나는 | will   not / am not going to ~하지 않을 것이다 | 동사원형 take 찍다 pictures. 사진을.

[**미래형 부정문**] 부정문은 will 다음에 not을 붙이거나 be not going to의 형태로, '~하지 않을 것이다'의 뜻이다.

| I | **will not** | take pictures. | 나는 사진을 **찍지 않을 것이다.** |
| I | **am not going to** | take pictures. | 나는 사진을 **찍지 않을 것이다.** |

Let's Write 서술형

1 I will live in Korea. → I | will not | live | in Korea .

2 I will use an eraser. → I ☐ ☐ ☐ .

3 She will take a nap. → She ☐ ☐ ☐ .

4 They are going to sleep. → They ☐ ☐ .

5 You are going to sit. → You ☐ ☐ .

6 그는 우리 엄마를 만나지 않을 것이다.
(will, meet, my mom) → ☐

7 나는 펜을 빌리지 않을 것이다.
(will, borrow, a pen) → ☐

8 우리 엄마는 책을 쓰지 않을 것이다.
(be going to, write, books) → ☐

9 그는 점심을 먹지 않을 것이다.
(be going to, eat, lunch) → ☐

10 그녀는 물을 마시지 않을 것이다.
(be going to, drink, water) → ☐

대표문장 ❷

미래형 의문	주어		
Will	**she**	**have**	**a party?**
Is	**she**	**going to**	**have**	**a party?**

그녀는 열 거니 파티를?

[미래형 의문문] '~할 거니?'라는 의미로, 주어와 will의 위치를 바꿔 쓰거나 be동사를 제일 앞에 쓴다.

She	will	have a party.	그녀는 파티를 **열 것이다.**
Will	she	have a party?	그녀는 파티를 **열 거니?**

She	is going to	have a party.	그녀는 파티를 **열 것이다.**
Is	She	**going to**	have a party?	그녀는 파티를 **열 거니?**

Let's Write 서술형

1 She will sleep early. → Will [she] [sleep] early?

2 He will clean the park. → [   ] [   ] [   ] the park?

3 They will eat fruits. → [   ] [   ] [   ] fruits?

4 She is going to see a doctor. → [   ] she [   ] [   ] a doctor?

5 You are going to buy a car. → [   ] you [   ] [   ] a car?

6 그는 이 공을 찰 거니?
(will, kick, this ball) → [   ]

7 너는 리본을 묶을 거니?
(will, tie, a ribbon) → [   ]

8 그녀는 고기를 살 거니?
(be going to, buy, meat) → [   ]

9 너는 춤을 출 거니?
(be going to, dance) → [   ]

10 그녀는 차를 운전할 거니?
(be going to, drive, a car) → [   ]

비교급

대표문장 ❶ | I am | taller | than you.

나는 ~(이)다 · 키가 더 큰 · 너보다.

[**비교급 규칙변화**] 두 가지 대상을 비교할 때 '~보다 …한'의 의미로, 단어마다 비교급 형태가 규칙적으로 달라진다.

대부분의 단어	-er을 붙여요.	taller (키가 더 큰)
-e로 끝나는 단어	-r을 붙여요.	larger (더 큰)
〈자음 + -y〉로 끝나는 단어	y를 i로 바꾸고, -er을 붙여요.	easier (더 쉬운)
〈단모음+단자음〉으로 끝나는 단어	자음을 한 번 더 쓰고 -er을 붙여요.	bigger (더 큰)
3음절 이상의 단어 / 일부 2음절 단어	more을 단어 앞에 붙여요.	more beautiful (더 아름다운)

Let's Write 서술형

1 He is (tall) than me. → He is [taller] [than me] .

2 My room is (big) than yours. → My room is [   ] [   ] .

3 She is (heavy) than Peter. → She is [   ] [   ] .

4 My dad is (short) than her. → My dad is [   ] [   ] .

5 He is (popular) than them. → He is [   ] [   ] .

6 거북이는 토끼보다 느리다.
(a turtle, slow, a rabbit) → [   ]

7 그것은 그 빌딩보다 더 높다.
(it, tall, the building) → [   ]

8 네 엄마는 너보다 더 아름답다.
(beautiful) → [   ]

9 코끼리는 고양이보다 더 크다.
(an elephant, big, a cat) → [   ]

10 그는 나보다 더 강하다.
(strong) → [   ]

비교급

My toy is | **better** | **than yours.**
내 장난감이 ~(이)다 | 더 나은 | 네 것보다.

[**비교급 불규칙변화**] 단어마다 비교급의 형태가 불규칙하게 달라지기도 한다.

원급	비교급	원급	비교급
good / well	**better** (더 나은)	many / much	**more** (더 많은)
bad	**worse** (더 좋지 않은)	little	**less** (더 적은)

Let's Write 서술형

1 Your score is (bad) than mine.
→ Your score is [worse] [than mine] .

2 My food is (good) than yours.
→ My food is [ ] [ ] .

3 I have (little) money than you.
→ I have [ ] [ ] .

4 We have (many) apples than them.
→ We have [ ] [ ] .

5 It is (good) than taking a bus.
→ It is [ ] [ ] .

6 내 레벨은 네 레벨보다 더 낮다.
(my level, low, yours)
→ [ ]

7 내 아이디어는 이것보다 더 낫다.
(my idea, good, this)
→ [ ]

8 내 가방이 네 것보다 더 낫다.
(my bag, good, yours)
→ [ ]

9 나는 그녀보다 더 많은 펜이 있다.
(have, many, pens)
→ [ ]

10 너는 나보다 더 적은 시간이 있다.
(have, little, time)
→ [ ]

정답은 p.65

최상급

대표문장 ❶ I am   the   **fastest**   in this class.

나는 ~(이)다   가장 빠른   이 반에서.

[**최상급 규칙변화**] '가장 ~한'의 뜻으로 형용사나 부사의 최상급은 규칙적으로 변한다.

대부분의 단어	−est를 붙여요.	longest (가장 긴)
−e로 끝나는 단어	−st를 붙여요.	largest (가장 큰)
〈자음 + −y〉로 끝나는 단어	y를 i로 바꾸고, −est를 붙여요.	heaviest (가장 무거운)
〈단모음 + 단자음〉으로 끝나는 단어	마지막 자음을 한 번 더 쓰고 −est를 붙여요.	hottest (가장 더운)
3음절 이상의 단어 / 일부 2음절 단어	most를 단어 앞에 붙여요.	most important (가장 중요한)

Let's Write 서술형

1 This river is the (long) in the world.
   → This river is the   longest   in the world.

2 You are the (famous) singer in Korea.
   → You are _____ _____ singer in Korea.

3 My dad is the (heavy) of my family members.
   → My dad is _____ _____ of my family members.

4 The hat is the (cheap) in this store.
   → The hat is _____ _____ in this store.

5 He is the (short) student in this class.
   → He is _____ _____ student in this class.

6 이것은 이 호텔에서 가장 큰 방이다.
   (large, in this hotel)   → _____

7 이것은 이 방에서 가장 작은 의자이다.
   (small, in this room)   → _____

8 나는 여기 있는 사람들 중에 가장 어리다.
   (young, of the people here)   → _____

9 그것은 세계에서 가장 빠른 동물이다.
   (fast, in the world)   → _____

대표문장 ②

I am | **the** | **best** | **student** | **in this school.**
나는 ~(이)다 | | 최고의 | 학생 | 이 학교에서.

최상급

[**최상급의 불규칙변화**] 형용사나 부사의 최상급은 불규칙하게도 변한다.

원급	비교급	최상급	원급	비교급	최상급
good / well	better	**best** (최상의)	many /much	more	**most** (가장 많은)
bad	worse	**worst** (최악의)	little	less	**least** (가장 적은)

Let's Write 서술형

1. He is the (good) student of my classmates.
   → He is [the best] student of my classmates.

2. It is the (interesting) book in this library.
   → It is [   ] book in this library.

3. He has the (many) trees in this town.
   → He has [   ] trees in this town.

4. I have the (little) money of all the people here.
   → I have [   ] money of all the people here.

5. It is the (bad) weather of the year.
   → It is [   ] weather of the year.

6. 네 점수는 모두 중에 최악이다.
   (your score, bad, of all) → [   ]

7. 나는 이 반에서 가장 많은 책을 가지고 있다.
   (many, in this class) → [   ]

8. 그는 그의 학급에서 가장 적은 지우개를 가지고 있다. (little, erasers, in his class) → [   ]

9. 그녀는 이 방에서 가장 많은 사과를 가지고 있다.
   (many, apples, in this room) → [   ]

정답은 p.66

대표문장 ① I am 비교급 than 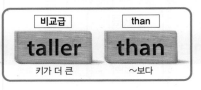 taller than you.

나는 ~(이)다   키가 더 큰   ~보다   너.

[비교급 문장공식] 비교급 문장은 '~보다 …하다'의 뜻으로, 비교급과 than을 써서 앞뒤 두 개의 대상을 비교한다.

I am	taller	than	you.
나는 ~(이)다	키가 더 큰	~보다	너.

I와 you를 비교한다.

Let's Write 서술형

1 A room, big, B room
→ A room is [bigger] [than] B room.

2 David, heavy, Layla
→ David is [ ] [ ] Layla.

3 My idea, good, yours
→ My idea is [ ] [ ] yours.

4 Friday, busy, Monday.
→ Friday is [ ] [ ] Monday.

5 Emily, old, Jim.
→ Emily is [ ] [ ] Jim.

6 트럭은 자전거보다 더 빠르다.
(a truck, fast, a bike)
→ [ ]

7 Sam은 Peter보다 키가 더 크다.
(tall)
→ [ ]

8 네 점수가 내 점수보다 좋지 않다.
(your score, bad, mine)
→ [ ]

9 차는 비행기보다 느리다.
(a car, slow, a plane)
→ [ ]

10 너는 나보다 더 아름답다.
(beautiful)
→ [ ]

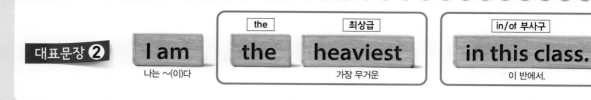

[**최상급 문장공식**] the와 최상급은 '가장 ~하다'의 의미이고, in과 of 부사구를 써서 최상급의 의미를 제한해 준다.

the	최상급		in + 장소나 소속	~ 안에서
가장 ~한		+	of + 복수명사	~ 중에서

Let's Write 서술형

1 This piano, old, in the world.
→ This piano is [the] [oldest] [in the world] .

2 This restaurant, large, in this city.
→ This restaurant is [ ] [ ] [ ] .

3 Winter, cold, of the four seasons.
→ Winter is [ ] [ ] [ ] .

4 My dad, heavy, of the men in my family.
→ My dad is [ ] [ ] [ ] .

5 This bag, cheap, in this store
→ This bag is [ ] [ ] [ ] .

6 이것은 세계에서 가장 긴 강이다.
(long, river, in the world) → [ ]

7 그녀는 한국에서 가장 인기 있는 가수이다.
(popular, singer, in Korea) → [ ]

8 에베레스트 산은 세계에서 가장 높은 산이다.
(Mt. Everest, high, in the world) → [ ]

9 그녀는 여기 있는 사람들 중에 가장 예쁘다.
(pretty, of the people here) → [ ]

10 그는 그 그룹 구성원들 중에서 가장 강하다.
(strong, of the group members) → [ ]

정답은 p.66

대표문장 ❶   **I am**   관사 **a**   명사 **boy.**
나는 ~(이)다   소년.

[**부정관사 공식**] 부정관사는 셀 수 있는 단수 명사 앞에 붙이며, 바로 뒤에 오는 단어에 따라 a나 an을 붙인다.

관사 바로 뒤 단어의 첫 글자에 따라	[a + 자음] **a b**oy, **a s**mall apple	[an + 모음 a, e, i, o, u] **an or**ange, **an ol**d man
발음에 따라	[a + 자음 소리] **a u**niversity (u가 모음이지만, 발음이 자음으로 발음됨)	[an + 모음 소리] **an ho**nest girl (h가 묵음 → o(모음)가 단어의 첫소리)

Let's Write 서술형

1 I am eating (a / an) apple. → I am eating [an] [apple] .

2 I need (a / an) pen. → I need [ ] [ ] .

3 She is (a / an) honest girl. → She is [ ] [ ] .

4 There is (a / an) orange. → There is [ ] [ ] .

5 I want (a / an) blue umbrella. → I want [ ] [ ] .

6 나는 오래된 사진을 가지고 있다.
(have, old picture) → [ ]

7 그는 빨간 사과를 원한다.
(want, red apple) → [ ]

8 나는 파란 펜이 필요하다.
(blue pen) → [ ]

9 나는 쉬운 책을 가지고 있다.
(have, easy book) → [ ]

10 대학교가 있다.
(there, university) → [ ]

대표문장 ❷   I   play   the   piano.
나는   연주하다   나는   피아노를.

[정관사 공식] 정관사 the는 모음이나 자음에 상관없이 다음 단어들 앞에 붙인다.

청자가 이미 알고 있는 명사 앞에	The book is interesting. 그 책은 재미있다. * I will read a book. 나는 책을 읽을 것이다.
하나 밖에 없는 자연물 앞에	the Earth, the moon, the sun, the sea, the sky, the world
악기 이름 앞에	the violin, the piano, the cello
위치, 방향 앞에	the left, the west, the top, the end

Let's Write 서술형

1 Earth is round.   → [The Earth] is round.

2 I see sun.   → I see [   ] .

3 I like cat on the table.   → I like [   ] on the table.

4 Go to right.   → Go to [   ] .

5 I play violin.   → I play [   ] .

6 하늘은 파란색이다.
(sky, blue)   → [   ]

7 왼쪽으로 가라.
(left)   → [   ]

8 나는 저쪽의 드레스가 좋다.
(like, over there)   → [   ]

9 나는 드럼을 연주한다.
(play, drum)   → [   ]

10 그 책은 재미있다.
(interesting)   → [   ]

정답은 p.67

대표문장 ❶

I have / don't have some / any books.

some/any

명사

[some, any 공식] '몇몇의, 조금의'라는 뜻으로, 셀 수 있는 명사의 복수형이나 셀 수 없는 명사 앞에 주로 붙인다.

some: 긍정문 / 권유문	I have **some** books.	나는 몇 권의 책이 있다.
any: 부정문 / 의문문	I don't have **any** books.	나는 어떤 책도 가지고 있지 않다.

Let's Write 서술형

1 I drink some milk. (부정문으로) → I [don't drink] [any] [milk] .

2 I like some vegetables. (부정문으로) → I [　　　] [　　　] [　　　] .

3 I need some water. (부정문으로) → I [　　　] [　　　] [　　　] .

4 I don't eat any meat. (긍정문으로) → I [　　　] [　　　] [　　　] .

5 I didn't buy any flowers. (긍정문으로) → I [　　　] [　　　] [　　　] .

6 나는 빵을 조금 원한다.
(want, bread) → [　　　　　　　　　　]

7 그들은 치킨을 조금 먹는다.
(eat, chicken) → [　　　　　　　　　　]

8 그는 조금의 돈도 가지고 있지 않다.
(have, money) → [　　　　　　　　　　]

9 나는 조금의 물도 필요하지 않다.
(need, water) → [　　　　　　　　　　]

10 우리는 어떤 종이도 사용하지 않는다.
(use, paper) → [　　　　　　　　　　]

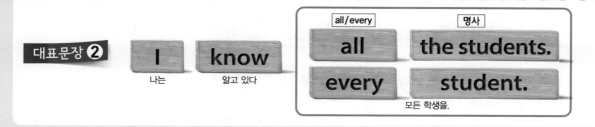

대표문장 ❷ I know all / every 명사

I 나는 know 알고 있다 all the students. every student.

모든 학생을.

[all, every 공식] all과 every는 '모든 ~'의 의미로, 셀 수 있는 복수나 단수 명사 앞에 주로 붙인다.

| all + 셀 수 있는 복수 명사 | all animals (모든 동물들) |
| every + 셀 수 있는 단수 명사 | every animal (모든 동물) |

Let's Write 서술형

1 I like all vegetables.
(every로 바꿔 쓰기)
→ I [like] [every] [vegetable] .

2 I read all the books.
(every로 바꿔 쓰기)
→ I [　] [　] [　] .

3 I washed every water bottle.
(all the로 바꿔 쓰기)
→ I [　] [　] [　] .

4 I know every doctor.
(all the로 바꿔 쓰기)
→ I [　] [　] [　] .

5 I don't like every doll.
(all the로 바꿔 쓰기)
→ I [　] [　] [　] .

6 나는 모든 꽃들을 좋아한다.
(all, the flower)
→ [　]

7 그들은 모든 오렌지들을 먹었다.
(all, the orange)
→ [　]

8 그녀는 모든 사과를 씻었다.
(wash, every, apple)
→ [　]

9 우리 아빠는 모든 책을 읽는다.
(every, book)
→ [　]

10 나는 모든 펜을 쓴다.
(use, every, pen)
→ [　]

정답은 p.67

대표문장 ❶

All / Some	**roses**	**are**	**red.**
모든 / 몇몇의	장미는	~(이)다	빨간.
A / Every	**rose**	**is**	
(하나의) / 모든	장미는	~(이)다	

[관사, some, any, all, every 1] all, some, any 다음에 셀 수 있는 복수명사가, a/an, every 다음에는 셀 수 있는 단수명사가 온다.

all	
some	셀 수 있는 **복수** 명사 (pens, hats...)
any	

a/an	셀 수 있는 **단수** 명사 (pen, hat...)
every	

Let's Write 서술형

1 A <u>dresses</u> is pretty → A [dress] [is] [pretty] .

2 I like every <u>hats</u>. → I [ ] [ ] [ ] .

3 Some <u>student</u> are kind. → Some [ ] [ ] [ ] .

4 All <u>child</u> are cute. → All [ ] [ ] [ ] .

5 I eat every <u>oranges</u>. → I [ ] [ ] [ ] .

6 나는 모든 채소를 먹는다. (all, vegetable) → [ ]

7 연 몇 개가 파란색이다. (some, kite, blue) → [ ]

8 나는 고양이를 본다. (see, a) → [ ]

9 모든 책이 쉽다. (every, book, easy) → [ ]

10 모든 풍선들이 노란색이다. (all, the balloon, yellow) → [ ]

대표문장 ②

All ants are small.
모든 개미는 ~(이)다 작은.

I like a bird.
나는 좋아한다 새를.

[관사, some, any, all, every 2] 주어 자리에 오면 be동사 문장, 목적어 자리에 오면 3형식 문장을 만든다.

| 주어 자리 | All ants | are | small. |

| 목적어 자리 | I like | a bird. |

Let's Write 서술형

1 book, every, is, interesting. → Every | book | is | interesting .

2 fruits, the, are, fresh → ☐ ☐ are ☐ .

3 all, are, pretty, dresses → ☐ ☐ are ☐ .

4 tea, have, I, some → I ☐ ☐ ☐ .

5 a, see, I, giraffe → I ☐ ☐ ☐ .

6 하늘은 맑다. (the, sky, clear) → ☐

7 선물 몇 개가 작다. (some, gift) → ☐

8 나는 모든 애완동물들을 원한다. (want, all, the pet) → ☐

9 우리는 모든 음식을 좋아했다. (every, meal) → ☐

10 나는 그 공을 씻었다. (wash, the, ball) → ☐

대표문장 ❶ I want grapes.
to eat meat.

[want 공식] want 동사는 '~을 원하다, 바라다'의 뜻이며, want 다음에 원하는 대상의 명사나 〈to부정사+동사원형〉이 온다.

| I want | + 명사 | ~을 원하다 | I want grapes. (나는 포도를 원한다.) |
| | + to부정사 | ~하기를 원하다 | I want to eat meat. (나는 고기를 먹기를 원한다.)
I want to be a singer. (나는 가수가 되는 것을 원한다.) |

Let's Write 서술형

1 want, a new dress, I → I [want] [a new dress] .

2 meat, want, I → I [　] [　] .

3 to dance, I, want, on the stage → I [　] [　] on the stage.

4 to talk, want, I, with them → I [　] [　] with them.

5 to be, want, I, a pilot → I [　] [　] a pilot.

6 나는 지우개를 원한다. (an eraser) → [　]

7 그들은 물을 원한다. (water) → [　]

8 나는 잠을 자기를 원한다. (sleep) → [　]

9 나는 음식을 요리하기를 원한다. (cook, food) → [　]

10 나는 피아노를 연주하기를 원한다. (play, piano) → [　]

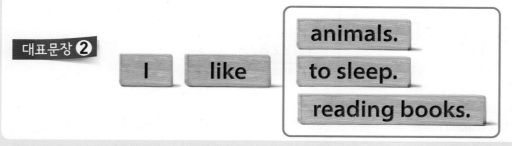

[like 공식] like 동사는 '~을 좋아하다'의 뜻을 가지고 있으며, like 다음에 명사나 -ing, 〈to부정사+동사원형〉이 온다.

I like	+ 명사	~을 좋아하다	I like animals. (나는 동물을 좋아한다.)
	+ to부정사	~하기를 좋아하다	I like to sleep. (나는 잠을 자는 것을 좋아한다.)
	+ 동사의 -ing		I like reading books. (나는 책을 읽는 것을 좋아한다.)

Let's Write 서술형

1 meat, like, I
→ I [like] [meat] .

2 to meet, like, my mom, they
→ They [ ] [ ] my mom.

3 we, to live, like, in China
→ We [ ] [ ] in China.

4 like, I, the kite, flying.
→ I [ ] [ ] the kite.

5 like, playing, I, the drum
→ I [ ] [ ] the drum.

6 그는 애완동물을 좋아한다.
(pets)
→ [ ]

7 그녀는 재미있는 영화를 좋아한다.
(interesting movies)
→ [ ]

8 우리는 야구하는 것을 좋아한다.
(to play, baseball)
→ [ ]

9 우리 엄마는 방을 청소하는 것을 좋아한다.
(to clean, rooms)
→ [ ]

10 나는 그림 그리는 것을 좋아한다.
(drawing, pictures)
→ [ ]

정답은 p.68

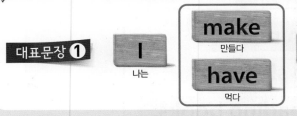

[make와 have 공식] make와 have는 동사 뒤에 어떤 단어가 오는지에 따라 여러 의미를 나타낸다.

make + 명사	만들다	I make pizza. (나는 피자를 만든다.)
have + 명사	가지고 있다	I have a toy. (나는 장난감을 가지고 있다.)
	먹다	I have dinner. (나는 저녁을 먹는다.)
	보내다	Have a good time. (좋은 시간을 보내세요.)
	병이 있다	I have a cold. (나는 감기에 걸려 있다.)

Let's Write 서술형

1 I have a robot. → 나는 [로봇을] [가지고 있다] .

2 I have lunch. → 나는 [ ] [ ] .

3 Have a good day. → 좋은 [ ] [ ] .

4 She has a cold. → 그녀는 [ ] [ ] .

5 My dad has a fever. → 우리 아빠는 [ ] [ ] .

6 우리는 피자를 만든다. (pizza) → [ ]

7 나는 큰 침대를 가지고 있다. (a big bed) → [ ]

8 그들은 저녁을 먹는다. (dinner) → [ ]

9 좋은 시간 보내세요. (a good time) → [ ]

10 나는 이가 아프다. (a toothache) → [ ]

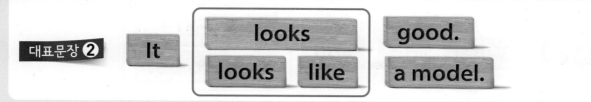

대표문장 ❷ It looks good. looks like a model.

[look과 sound 공식] look과 sound 동사는 뒤에 형용사나 〈like+명사〉가 오느냐에 따라서 의미에 차이가 있다.

look	+ 형용사	보이다	look great (좋아 보이다)
sound		들리다	sound good (좋게 들리다)
look	like + 명사	~처럼 보이다	look like a model (모델처럼 보이다)
sound		~처럼 들리다	sound like a good idea (좋은 아이디어처럼 들리다)

Let's Write 서술형

1 The food <u>looks like</u> bad. → The food [looks] [bad] .

2 She <u>looks like</u> great. → She [ ] [ ] .

3 It <u>sounds like</u> good. → It [ ] [ ] .

4 She <u>looks</u> a puppy. → She [ ] [ ] .

5 It <u>sounds</u> a good plan. → It [ ] [ ] .

6 그녀는 나이가 들어 보인다. (old) → [ ]

7 그들은 아파 보인다. (sick) → [ ]

8 그것은 재미있게 들린다. (interesting) → [ ]

9 그녀는 고양이 같아 보인다. (a cat) → [ ]

10 이것은 좋은 아이디어처럼 들린다. (a good idea) → [ ]

정답은 p.68

대표문장 1　What　do　you　want?　want to be?

[want 문장공식] want 동사를 써서 '~을 원하니, ~하기를 원하니'라고 물어볼 때, 명사 또는 to부정사를 붙여서 대답한다.

| What do you want?
너는 무엇을 원하니? | I want apples.
나는 사과를 원해요. | I want to eat apples.
나는 사과 먹기를 원해요. |
| What do you want to be?
너는 무엇이 되기를 원하니? | I want to be a nurse.
나는 간호사가 되기를 원해요. | |

Let's Write 서술형

1　grapes, I, want → I [want] [grapes] .

2　I, milk, want → I [　] [　] .

3　to buy, a shirt, I, want → I [　] [　] a shirt.

4　a singer, to be, want, I → I [　] [　] a singer.

5　want, a nurse, I, to be → I [　] [　] a nurse.

6　너는 무엇을 원하니? (want) → [　]

7　나는 수영하기를 원한다. (to swim) → [　]

8　너는 무엇이 되기를 원하니? (to be) → [　]

9　나는 의사가 되기를 원한다. (a doctor) → [　]

10　나는 배우가 되기를 원한다. (an actor) → [　]

대표문장 ❷

What　does　she　like?　look like?

[like, look 문장공식] look like는 '～처럼 보이다'의 뜻이지만, 질문 표현에서는 생김새를 묻는 '어떻게 생겼니?'의 뜻이 된다.

What does she like? 그녀는 무엇을 좋아하니?	She likes grapes. 그녀는 포도를 좋아해요.	She likes swimming. 그녀는 수영하는 것을 좋아해요.	She likes to sing. 그녀는 노래하는 것을 좋아해요.
What does she look like? 그녀는 어떻게 생겼어?	She looks like a model. 그녀는 마치 모델처럼 보여.	She has blue eyes. 그녀는 파란 눈을 가졌어.	

Let's Write 서술형

1　like, what, you, do　→ What [do] [you] [like] ?

2　dancing, I, like　→ I [　　] [　　] .

3　to draw, I, pictures, like　→ I [　　] [　　] pictures.

4　what, she, like, look, does　→ What [　　] she [　　] ?

5　you, like, look, a model　→ You [　　] a model.

6　너는 무엇을 좋아하니?
(like)　→ [　　]

7　나는 연을 날리는 것을 좋아해요.
(flying, a kite)　→ [　　]

8　나는 꽃을 좋아해요.
(flowers)　→ [　　]

9　그는 어떻게 생겼어?
(look, like)　→ [　　]

10　그는 강아지 같이 생겼어요.
(look, like, a puppy)　→ [　　]

대표문장 ❶　단어나 구, 또는 절　and (그리고)　but (그러나)　or (또는)　단어나 구, 또는 절

[접속사 공식 1] 접속사는 두 개 이상의 단어나 구, 절을 연결해 주는 것으로, and, but, or이 있다.

and	그리고	I eat apples and drink milk. (나는 사과를 **먹고** 우유를 마신다.)
but	그러나	She is old but healthy. (그녀는 나이가 **많지만** 건강하다.)
or	또는	He wants some coffee or juice. (그는 커피 **또는** 주스를 좀 원한다.)

Let's Write 서술형

1　I like apples and bananas.　→ 나는 [사과와] [바나나를] 좋아한다.

2　I like to dance and sing.　→ 나는 [ ] [ ] 좋아한다.

3　He is tall, but I am short.　→ 그는 [ ] , 나는 [ ] .

4　Is it heavy or light?　→ 그것은 [ ] [ ] 가볍니?

5　Is it yours or mine?　→ 그것은 [ ] [ ] 내 것이니?

6　나는 노란색과 파란색을 좋아한다.
(yellow, blue)　→ [ ]

7　우리는 치킨과 콜라를 원한다.
(chicken, coke)　→ [ ]

8　Ben은 나이가 들었지만, 나는 어리다.
(old, young)　→ [ ]

9　그것들은 꽃이니 아니면 식물이니?
(flowers, plants, those)　→ [ ]

10　그것은 작니 아니면 크니?
(small, big)　→ [ ]

대표문장 ❷

My dress is **pretty** **and** **cheap.**

내 드레스는 ~(이)다   예쁜   그리고   저렴한.

[접속사 공식 2] 접속사 and, but, or는 문장 안에서 다음과 같이 사용된다.

and	My dress is pretty **and** cheap. (내 드레스는 예쁘고 저렴하다.)	서로 비슷한 내용을 연결
but	This orange is small **but** expensive. (이 오렌지는 작지만 비싸다.)	서로 반대되는 내용을 연결
or	Do you want to fry eggs **or** boil them? (달걀을 굽기를 원하세요 아니면 삶기를 원하세요?)	두 개 중 하나를 선택

Let's Write 서술형

1 It is (sunny, warm) → It is [sunny] [and] [warm] .

2 I like (swimming, cooking). → I like [   ] [   ] [   ] .

3 He is (small, strong). → He is [   ] [   ] [   ] .

4 Is she (strong, weak)? → Is she [   ] [   ] [   ] .

5 Do you go to school
(by car, by bus)? → Do you go to school [ ] [ ] [ ] ?

6 그녀는 가을과 겨울을 좋아한다.
(fall, winter) → [   ]

7 우리는 음식을 요리하고 먹기를 원한다.
(cook, eat) → [   ]

8 내 모자는 새것이지만 더럽다.
(new, dirty) → [   ]

9 우리 엄마는 키가 크지만, 우리 아빠는
키가 작다. (tall, short) → [   ]

10 네 개는 흰색이니 아니면 검은색이니?
(white, black) → [   ]

정답은 p.69

대표문장 **①**

긍정 명령문	**Close** the door.
부정 명령문	**Don't close** the door.

[**명령문 공식**] 어떤 동작을 '해라/하지 마라'라고 지시하는 문장이 명령문이며, 말하는 대상이 You이므로 주어를 생략한다.

긍정 명령문	동사원형 ~.	Close the door. (그 문을 닫아라.)
부정 명령문	Do not(=Don't) + 동사원형 ~.	Do not(=Don't) close the door. (그 문을 닫지 말아라.)

Let's Write 서술형

1 homework, do, your → Do / your / homework.

2 Come, early, home → ⬚ / ⬚ / ⬚ .

3 helmet, wear, your → ⬚ / ⬚ helmet.

4 not, do, this, touch → ⬚ / ⬚ this.

5 Don't, shy, be → ⬚ / ⬚ shy.

6 이 약을 먹어라. (this medicine) → ⬚

7 이 호텔에 머물러라. (in this hotel) → ⬚

8 그 커튼을 닫지 말아라. (the curtains) → ⬚

9 그 상자를 열지 말아라. (the box) → ⬚

10 복도에서 뛰지 말아라. (in the hallway) → ⬚

46

대표문장 ❷

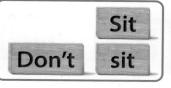

긍정 명령문   Sit down.

부정 명령문   Don't sit down.

[긍정·부정 명령문] 명령문에는 '~해라'라는 긍정 명령문과 '~하지 마라'의 부정 명령문이 있다.

| 긍정 명령문 | ~해라 | Sit down. (앉아라.) |
| 부정 명령문 | ~하지 말아라 | Do not(=Don't) sit down. (앉지 말아라.) |

Let's Write 서술형

1 Touch this. → | Do not(=Don't) | | touch | this.

2 Open the window. → | | | | the window.

3 Stand up. → | | | | up.

4 Don't cook food now. → | | | | now.

5 Do not turn left. → | | | | .

6 조용히 해라. (quiet) → | |

7 집에 일찍 와라. (early) → | |

8 네 우산을 잊지 말아라.
(forget, your umbrella) → | |

9 여기서 담배피지 말아라. (smoke) → | |

10 그 감자를 자르지 말아라.
(cut, the potato) → | |

47

대표문장 ❶ **Go straight** **and** **turn left.**
직진해라 그리고 왼쪽으로 돌아라.

[접속사와 명령문 공식 1] and로 연결되어 있는 앞뒤 명령문은 서로 비슷한 상황을 나타낸다.

명령문	and	명령문
해라(~하세요)	그리고	해라(~하세요).

Let's Write 서술형

1 Take this medicine. + Sleep well.
→ Take [this medicine] [and] sleep [well] .

2 Turn right. + Go straight.
→ Turn [   ] [   ] go [   ] .

3 Wash your face. + Brush your teeth.
→ Wash [   ] [   ] brush [   ] .

4 Drink warm water. + Sleep early.
→ Drink [   ] [   ] sleep [   ] .

5 Drink milk. + Eat apples.
→ Drink [   ] [   ] eat [   ] .

6 잠옷을 입고 잘 자라. (pajamas) → [   ]

7 네 헬멧을 쓰고 이 자전거를 타라. (your helmet) → [   ]

8 책을 읽고 네 숙제를 해라. (homework) → [   ]

9 직진하고 오른쪽으로 돌아라. (straight, right) → [   ]

Take this medicine, │ and │ you will get better.
Wake up now, │ or │ you will be late.

[접속사와 명령문 공식 2] 〈명령문, and/or ~.〉은 명령을 지키거나 어길 경우, '너는 ~할 것이다'라는 문장이다.

명령문,	and	you will ~.		명령문,	or	you will ~.
~해라	그러면	너는 ~할 것이다.		~해라	그렇지 않으면	너는 ~할 것이다.

Let's Write 서술형

1 Close the window. + You will be warm.
→ Close the window, | and | you will be warm | .

2 Give me presents. + I will be happy.
→ Give me presents, | | | .

3 Eat vegetables. + You will be healthy.
→ Eat vegetables, | | | .

4 Clean the room. + I will be angry.
→ Clean the room, | | | .

5 Drink water. + You will be thirsty.
→ Drink water, | | | .

6 이 선풍기를 사용해라, 그러면 너는 시원해질 것이다. (use, fan, cool)
→

7 네 엄마에게 편지를 써라, 그러면 그녀는 행복할 것이다. (letter, to your mom, happy)
→

8 서둘러라, 그렇지 않으면 너는 늦을 것이다. (hurry up, late)
→

9 이 음식을 먹어라, 그렇지 않으면 너는 배가 고플 것이다. (hungry)
→

정답은 p.70

초등 영문법, 쓸 수 있어야 진짜 문법이다!

문법이 쓰기다

Part별 단어테스트

Word Test 문제지

영어로 써보고 뜻을 고르며 단어 복습하기

| 이름 : | 학년 : | 날짜 : | 맞힌 개수 : | / 20 |

번호	어휘	영어로 쓰고	또 쓰고	뜻 확인	
1	painter			✔ 화가	☐ 댄서
2	driver			☐ 요리사	☐ 운전수
3	professor			☐ 조종사	☐ 교수
4	bakery			☐ 은행	☐ 빵집
5	museum			☐ 박물관	☐ 우체국
6	at home			☐ 학교에	☐ 집에
7	at the mall			☐ 거실에	☐ 쇼핑몰에
8	reporter			☐ 기자	☐ 수업
9	gym			☐ 수영장	☐ 체육관
10	actor			☐ 배우	☐ 가수
11	group			☐ 그룹	☐ 방
12	in London			☐ 일본에	☐ 런던에
13	nurse			☐ 의사	☐ 간호사
14	Japan			☐ 중국	☐ 일본
15	living room			☐ 거실	☐ 화장실
16	on the table			☐ 소파 위에	☐ 탁자 위에
17	pilot			☐ 농부	☐ 조종사
18	library			☐ 도서관	☐ 사무실
19	at school			☐ 학교에서	☐ 학교 앞에
20	at the bus stop			☐ 버스 정류장에서	☐ 버스 정류장 옆에

정답은 p.59

| 이름 : | 학년 : | 날짜 : | 맞힌 개수 : | / 20 |

번호	어휘	영어로 쓰고	또 쓰고	뜻 확인	
1	drop			☐ 줍다	☐ 떨어뜨리다
2	want			☐ 먹다	☐ 원하다
3	plan			☐ 계획하다	☐ 일어나다
4	brush			☐ 닦다	☐ 부수다
5	hit			☐ 치다	☐ 그리다
6	open			☐ 닫다	☐ 열다
7	watch			☐ 보다	☐ 듣다
8	ride			☐ 수영하다	☐ 타다
9	stop			☐ 멈추다	☐ 출발하다
10	visit			☐ 살다	☐ 방문하다
11	dry			☐ 말리다	☐ 날리다
12	carry			☐ 달리다	☐ 나르다
13	garden			☐ 정원	☐ 놀이기구
14	beach			☐ 산	☐ 해변
15	homework			☐ 숙제	☐ 시험
16	soccer player			☐ 농구 선수	☐ 축구 선수
17	poem			☐ 시	☐ 책
18	wallet			☐ 지갑	☐ 옷
19	noodle			☐ 국수	☐ 쌀밥
20	restaurant			☐ 백화점	☐ 식당

정답은 p.59

52

이름 :	학년 :	날짜 :	맞힌 개수 :	/ 20

번호	어휘	영어로 쓰고	또 쓰고	뜻 확인	
1	**cook**			☐ 음식	☐ 요리하다
2	**push**			☐ 당기다	☐ 밀다
3	**fix**			☐ 고치다	☐ 떨어뜨리다
4	**bake**			☐ 굽다	☐ 빵집
5	**sandwich**			☐ 샌드위치	☐ 피자
6	**catch**			☐ 놓치다	☐ 잡다
7	**newspaper**			☐ 백과사전	☐ 신문
8	**breakfast**			☐ 아침 식사	☐ 저녁 식사
9	**fruit**			☐ 과일	☐ 채소
10	**Chinese**			☐ 중국어	☐ 일본어
11	**student**			☐ 교사	☐ 학생
12	**tie a rope**			☐ 줄을 풀다	☐ 줄을 묶다
13	**soup**			☐ 빵	☐ 수프
14	**party**			☐ 파티	☐ 해변
15	**paint a wall**			☐ 벽을 부수다	☐ 벽에 페인트를 칠하다
16	**move**			☐ 옮기다	☐ 버리다
17	**stage**			☐ 무대	☐ 춤
18	**use**			☐ 던지다	☐ 사용하다
19	**lie on the bed**			☐ 침대에 눕다	☐ 침대를 눕히다
20	**go to the mountain**			☐ 산에 가다	☐ 들에 가다

정답은 p.59

| 이름: | 학년: | 날짜: | 맞힌 개수: | / 20 |

번호	어휘	영어로 쓰고	또 쓰고	뜻 확인	
1	tomorrow			☐ 내일	☐ 오늘
2	tonight			☐ 어젯밤	☐ 오늘 밤
3	next week			☐ 다음 주	☐ 지난주
4	letter			☐ 사진	☐ 편지
5	clean			☐ 어지르다	☐ 청소하다
6	restaurant			☐ 병원	☐ 식당
7	uncle			☐ 삼촌	☐ 사촌
8	email			☐ 이메일	☐ 인터넷
9	eraser			☐ 편지	☐ 지우개
10	join			☐ 나오다	☐ 가입하다
11	change			☐ 버리다	☐ 바꾸다
12	menu			☐ 메뉴	☐ 종이
13	club			☐ 동아리	☐ 교실
14	table tennis			☐ 탁구	☐ 농구
15	take a lesson			☐ 수업을 하다	☐ 수업을 받다
16	sleep early			☐ 늦게 자다	☐ 일찍 자다
17	jogging			☐ 조깅	☐ 뜀틀
18	unhealthy			☐ 건강에 해로운	☐ 건강에 이로운
19	sell			☐ 사다	☐ 팔다
20	take a nap			☐ 밤에 자다	☐ 낮잠 자다

정답은 p.59

| 이름 : | 학년 : | 날짜 : | 맞힌 개수 : | / 20 |

번호	어휘	영어로 쓰고	또 쓰고	뜻 확인	
1	**famous**			☐ 유명한	☐ 조용한
2	**interesting**			☐ 지루한	☐ 재미있는
3	**strong**			☐ 강한	☐ 약한
4	**thin**			☐ 두꺼운	☐ 얇은
5	**score**			☐ 성격	☐ 점수
6	**weather**			☐ 날씨	☐ 날짜
7	**important**			☐ 의도한	☐ 중요한
8	**person**			☐ 사람	☐ 동물
9	**teachers' room**			☐ 휴게실	☐ 교무실
10	**idea**			☐ 아이디어	☐ 가입하다
11	**world**			☐ 세계	☐ 물병
12	**building**			☐ 산책로	☐ 건물
13	**family member**			☐ 동아리 구성원	☐ 가족 구성원
14	**in this hotel**			☐ 이 호텔에서	☐ 이 가게에서
15	**expensive**			☐ 거대한	☐ 비싼
16	**cheap**			☐ 저렴한	☐ 비싼
17	**busy**			☐ 여유로운	☐ 바쁜
18	**heavy**			☐ 가벼운	☐ 무거운
19	**popular**			☐ 인기 있는	☐ 인기 없는
20	**wide**			☐ 넓은	☐ 좁은

정답은 p.59

| 이름 : | 학년 : | 날짜 : | 맞힌 개수: | / 20 |

번호	어휘	영어로 쓰고	또 쓰고	뜻 확인	
1	hour			☐ 초	☐ 시간
2	Earth			☐ 지구	☐ 우주
3	university			☐ 고등학교	☐ 대학교
4	honest			☐ 정직한	☐ 활발한
5	umbrella			☐ 우산	☐ 재킷
6	easy			☐ 어려운	☐ 쉬운
7	vegetable			☐ 과일	☐ 채소
8	meat			☐ 고기	☐ 식사
9	beautiful			☐ 무서운	☐ 아름다운
10	smart			☐ 똑똑한	☐ 예쁜
11	window			☐ 창문	☐ 꽃병
12	doctor			☐ 의사	☐ 병원
13	ant			☐ 벌레	☐ 개미
14	balloon			☐ 풍선	☐ 편지
15	gift			☐ 파티	☐ 선물
16	some sticks			☐ 막대 몇 개	☐ 하나의 막대
17	shy			☐ 수줍어하는	☐ 당당한
18	sour			☐ 달콤한	☐ 맛이 신
19	left			☐ 왼쪽	☐ 오른쪽
20	over there			☐ 이쪽에	☐ 저쪽에

정답은 p.59

이름 :	학년 :	날짜 :	맞힌 개수 :	/ 20

정답은 p.59

번호	어휘	영어로 쓰고	또 쓰고	뜻 확인	
1	picture			☐ 빛	☐ 그림
2	watch movies			☐ 영화를 보다	☐ 박물관에 가다
3	Korean food			☐ 일본 음식	☐ 한국 음식
4	clean			☐ 청소하다	☐ 어지르다
5	grape			☐ 참외	☐ 포도
6	baseball			☐ 축구	☐ 야구
7	model			☐ 가수	☐ 모델
8	delicious			☐ 맛있는	☐ 맛없는
9	headache			☐ 증상	☐ 두통
10	fever			☐ 요통	☐ 열
11	perfect			☐ 완벽한	☐ 모자란
12	stomachache			☐ 치통	☐ 복통
13	blond			☐ 단발의	☐ 금발의
14	curly			☐ 곱슬곱슬한	☐ 긴 머리의
15	blue eyes			☐ 파란 눈	☐ 검은 눈
16	angel			☐ 각도	☐ 천사
17	ski			☐ 스케이트	☐ 스키
18	brown			☐ 갈색의	☐ 검정색의
19	pet			☐ 강아지	☐ 애완동물
20	look good			☐ 나빠 보인다	☐ 좋아 보인다

| 이름 : | 학년 : | 날짜 : | 맞힌 개수: | / 20 |

번호	어휘	영어로 쓰고	또 쓰고	뜻 확인	
1	snowy			☐ 비가 오는	☐ 눈이 내리는
2	healthy			☐ 건강한	☐ 아픈
3	plant			☐ 행성	☐ 식물
4	cute			☐ 키가 큰	☐ 귀여운
5	boil eggs			☐ 계란을 삶다	☐ 계란을 깨다
6	grandfather			☐ 할머니	☐ 할아버지
7	helmet			☐ 장갑	☐ 헬멧
8	touch			☐ 만지다	☐ 부시다
9	stay			☐ 사다	☐ 머무르다
10	curtain			☐ 창문	☐ 커튼
11	bedroom			☐ 화장실	☐ 침실
12	forget			☐ 잊다	☐ 기억하다
13	choose			☐ 고르다	☐ 사다
14	go straight			☐ 우회전하다	☐ 직진하다
15	medicine			☐ 약	☐ 증상
16	rest			☐ 절제	☐ 휴식
17	fan			☐ 가구	☐ 선풍기
18	cool			☐ 시원한	☐ 더운
19	thirsty			☐ 배가 고픈	☐ 목이 마른
20	wake up			☐ 깨어나다	☐ 잠들다

정답은 p.59

단어 테스트 정답

Part 01   be동사 과거형

1 화가   2 운전수   3 교수   4 빵집   5 박물관   6 집에   7 쇼핑몰에
8 기자   9 체육관   10 배우   11 그룹   12 런던에   13 간호사   14 일본
15 거실   16 탁자 위에   17 조종사   18 도서관   19 학교에서   20 버스 정류장에서

Part 02   일반동사 과거형

1 떨어뜨리다   2 원하다   3 계획하다   4 닦다   5 치다   6 열다   7 보다
8 타다   9 멈추다   10 방문하다   11 말리다   12 나르다   13 정원   14 해변
15 숙제   16 축구 선수   17 시   18 지갑   19 국수   20 식당

Part 03   진행형

1 요리하다   2 밀다   3 고치다   4 굽다   5 샌드위치   6 잡다   7 신문
8 아침 식사   9 과일   10 중국어   11 학생   12 줄을 묶다   13 수프   14 파티
15 벽에 페인트를 칠하다   16 옮기다   17 무대   18 사용하다   19 침대에 눕다   20 산에 가다

Part 04   미래형

1 내일   2 오늘 밤   3 다음 주   4 편지   5 청소하다   6 식당   7 삼촌
8 이메일   9 지우개   10 가입하다   11 바꾸다   12 메뉴   13 동아리   14 탁구
15 수업을 받다   16 빌리다   17 조깅   18 일찍 자다   19 팔다   20 낮잠 자다

Part 05   비교급과 최상급

1 유명한   2 재미있는   3 강한   4 얇은   5 점수   6 날씨   7 중요한
8 사람   9 교무실   10 아이디어   11 세계   12 건물   13 가족 구성원   14 이 호텔에서
15 비싼   16 저렴한   17 바쁜   18 무거운   19 인기 있는   20 넓은

Part 06   관사와 some, any, all, every

1 시간   2 지구   3 대학교   4 정직한   5 우산   6 아름다운   7 채소
8 고기   9 사다   10 똑똑한   11 창문   12 의사   13 개미   14 풍선
15 선물   16 막대 몇 개   17 수줍어하는   18 맛이 신   19 왼쪽   20 저쪽에

Part 07   자주 사용하는 동사

1 그림   2 영화를 보다   3 한국 음식   4 청소하다   5 포도   6 야구   7 모델
8 맛있는   9 두통   10 열   11 완벽한   12 복통   13 금발의   14 곱슬곱슬한
15 파란 눈   16 천사   17 스키   18 갈색의   19 애완동물   20 좋아 보인다

Part 08   접속사와 명령문

1 눈이 내리는   2 건강한   3 식물   4 귀여운   5 계란을 삶다   6 할아버지   7 헬멧
8 만지다   9 머무르다   10 커튼   11 침실   12 잊다   13 고르다   14 직진하다
15 약   16 휴식   17 선풍기   18 시원한   19 목이 마른   20 깨어나다

초등 영문법, 쓸 수 있어야 진짜 문법이다!

문법이 쓰기다

WorkBook
정답지

이거는 워크북 정답지예요~

Part 01　be동사 과거형

UNIT 01　be동사 과거형 변화공식

대표문장 1　p.2

1 I was a nurse.
2 She was a painter.
3 They were students.
4 It was on the sofa.
5 They were near my house.
6 It was my bag.
7 She was a singer.
8 We were at the bakery.
9 They were in the library.
10 I was at home.

대표문장 2　p.3

1 They were singers.
2 She was a writer.
3 He was on the third floor.
4 We were in the museum.
5 It was on the stage.
6 I was a professor.
7 It was his book.
8 They were in the same class.
9 We were at the beach.
10 He was at home.

UNIT 02　be동사 과거형 문장공식

대표문장 1　p.4

1 They were in the same class 4 years ago.
2 It was on the table 2 hours ago.
3 She was in China last year.

4 He was in his room last night.
5 They were doctors before.
6 They were dancers 3 years ago.
7 We were 13 years old last year.
8 He was an actor before.
9 He was in the bathroom 3 hours ago.
10 She was my friend before.

대표문장 2　p.5

1 그들은 예술가였다.
2 그녀는 12살이었다.
3 나는 기자였다.
4 우리는 같은 그룹에 있었다.
5 그것은 거실에 있었다.
6 He was a nurse.
7 We were farmers.
8 The school was near my house.
9 He was in my class.
10 It was under the bed.

UNIT 03　be동사 과거형 부정문, 의문문 공식

대표문장 1　p.6

1 It was not(=wasn't) my bed.
2 She was not(=wasn't) a farmer.
3 They were not(=weren't) painters.
4 She was not(=wasn't) at the post office.
5 I was not(=wasn't) in Japan.
6 I was not(=wasn't) a dancer.
7 He was not(=wasn't) 11 years old.
8 We were not(=weren't) at the mall.
9 I was not(=wasn't) at home.
10 Tom was not(=wasn't) at the store.

대표문장 2
p.7

① Was it a market?

② Were they nurses?

③ Were you a pianist?

④ Was your dad in Japan?

⑤ Was it on the desk?

⑥ Was he a teacher?

⑦ Was she your mom?

⑧ Were they in the kitchen?

⑨ Were you on the first floor?

⑩ Were they in the library?

Part 02 일반동사 과거형

UNIT 01 일반동사 과거형 변화공식

대표문장 1
p.8

① I studied Chinese.

② She cried loudly.

③ He opened a restaurant.

④ I helped my mom.

⑤ He dropped the wallet.

⑥ They washed the dishes.

⑦ I stopped the bus.

⑧ She wanted milk.

⑨ We lived in Korea.

⑩ They wanted meat.

대표문장 2
p.9

① They did their homework.

② She went home.

③ I wrote a letter.

④ We drew pictures.

⑤ They ate dinner.

⑥ I saw your key.

⑦ She drank coffee.

⑧ He made pizza.

⑨ I cut the paper.

⑩ They met my mom.

UNIT 02 일반동사 과거형 부정문, 의문문 공식

대표문장 1
p.10

① We did not(=didn't) ride bikes.

② The baby did not(=didn't) sleep well.

③ I did not(=didn't) dry my hair.

④ Layla did not(=didn't) dance.

⑤ They did not(=didn't) eat noodles.

⑥ She did not(=didn't) play the piano.

⑦ We did not(=didn't) buy a new car.

⑧ He did not(=didn't) meet my friend.

⑨ They did not(=didn't) carry the bag.

⑩ They did not(=didn't) push the chair.

대표문장 2
p.11

① Did you swim well?

② Did they sing a song?

③ Did he wash his face?

④ Did she play tennis?

⑤ Did you brush your teeth?

⑥ Did she stop the bus?

⑦ Did you live in Canada?

⑧ Did your brother eat dinner?

⑨ Did you visit your uncle?

⑩ Did you sleep well?

UNIT 03 be동사와 일반동사 과거형 구별공식

대표문장 1   p.12

1. They were farmers.
2. We were 13 years old.
3. I painted the wall.
4. She took a picture.
5. She was a singer.
6. They were at the store.
7. We were in the living room.
8. She played baseball.
9. He made pizza.
10. They cooked dinner.

대표문장 2   p.13

1. She wasn't a student.
2. They weren't doctors.
3. You weren't a reporter.
4. He didn't eat meat.
5. I did not take a picture.
6. Were you a reporter?
7. Was he your friend?
8. Were they in the kitchen?
9. Did you have dinner?
10. Did you sleep well?

Part 03   진행형

UNIT 01 진행형 변화공식

대표문장 1   p.14

1. I am eating a sandwich.
2. He is watching TV.
3. They are coming to my house.
4. I am tying ribbons.
5. She is driving the car.
6. Min is drinking juice.
7. I am riding a bike.
8. She is walking in the garden.
9. We are baking bread.
10. They are cleaning the room.

대표문장 2   p.15

1. I am cutting the paper.
2. She is tying the rope.
3. I am reading the newspaper.
4. I am drawing pictures.
5. They are making pizza.
6. We are eating dinner.

7. They are swimming in the river.
8. She is singing a song.
9. He is cooking food.
10. My dad is fixing the car.

UNIT 02 현재진행형과 과거진행형 변화공식

대표문장 1   p.16

1. She is playing games.
2. They are playing the piano.
3. He is watching TV.
4. I am pushing the chair.
5. She is eating oranges.
6. We are washing the dishes.
7. He is doing his homework.
8. She is taking pictures.
9. They are running fast.
10. I am riding a bike.

대표문장 2   p.17

❶ They were watering plants.

❷ He was dancing on the stage.

❸ We were reading the newspaper.

❹ She was playing tennis.

❺ It was climbing the mountain.

❻ We were drinking milk.

❼ He was helping my mom.

❽ She was making coffee.

❾ He was using my pen.

❿ I was driving my car.

UNIT 03 진행형 부정문, 의문문 공식

대표문장 1   p.18

❶ My mom is not drinking coffee.

❷ We are not having a party.

❸ He was not baking a cake.

❹ I was not playing the piano.

❺ She was not swimming.

❻ He is not kicking the ball.

❼ I am not riding a bike.

❽ My dad is not making a cake.

❾ He was not flying a kite.

❿ We were not writing a letter.

대표문장 2   p.19

❶ Is she teaching math?

❷ Is he waiting for me?

❸ Were they moving the chair?

❹ Was Kate fixing the computer?

❺ Were you listening to the music?

❻ Is he painting the wall?

❼ Are you tying a rope?

❽ Was she eating meat?

❾ Were we playing the guitar?

❿ Was she having lunch?

Part 04 미래형

UNIT 01 미래형 변화공식 1

대표문장 1   p.20

❶ I will buy some fruits.

❷ She will see a doctor.

❸ We will exercise at school.

❹ They will fix the desk.

❺ He will sell his robot.

❻ He will play baseball.

❼ I will take a photo.

❽ She will dance.

❾ We will go home.

❿ They will close the window.

대표문장 2   p.21

❶ I will sleep early tonight.

❷ He will open a restaurant next week.

❸ They will watch a soccer game tomorrow.

❹ She will read many books later.

❺ I will take a train tomorrow.

❻ We will live in Korea next year.

❼ He will call me tonight.

❽ She will meet me tomorrow.

❾ He will play soccer later.

❿ I will be 12 years old next year.

⑤ It is better than taking a bus.

⑥ My level is lower than yours.

⑦ My idea is better than this.

⑧ My bag is better than yours.

⑨ I have more pens than her.

⑩ You have less time than me.

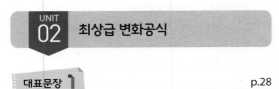

UNIT 02 최상급 변화공식

대표문장 1   p.28

① The river is the longest in the world.

② You are the most famous singer in Korea.

③ My dad is the heaviest of my family members.

④ The hat is the cheapest in this store.

⑤ He is the shortest student in this class.

⑥ This is the largest room in this hotel.

⑦ This is the smallest chair in this room.

⑧ I am the youngest of the people here.

⑨ It is the fastest animal in the world.

대표문장 2   p.29

① He is the best student of my classmates.

② It is the most interesting book in this library.

③ He has the most trees in this town.

④ I have the least money of all the people here.

⑤ It is the worst weather of the year.

⑥ Your score is the worst of all.

⑦ I have the most books in this class.

⑧ He has the least erasers in his class.

⑨ She has the most apples in this room.

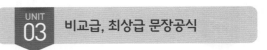

UNIT 03 비교급, 최상급 문장공식

대표문장 1   p.30

① A room is bigger than B room.

② David is heavier than Layla.

③ My idea is better than yours.

④ Friday is busier than Monday.

⑤ Emily is older than Jim.

⑥ A truck is faster than a bike.

⑦ Sam is taller than Peter.

⑧ Your score is worse than mine.

⑨ A car is slower than a plane.

⑩ You are more beautiful than me.

대표문장 2   p.31

① This piano is the oldest in the world.

② This restaurant is the largest in this city.

③ Winter is the coldest of the four seasons.

④ My dad is the heaviest of the men in my family.

⑤ This bag is the cheapest in this store.

⑥ This is the longest river in the world.

⑦ She is the most popular singer in Korea.

⑧ Mt. Everest is the highest mountain in the world.

⑨ She is the prettiest of the people here.

⑩ He is the strongest of the group members.

UNIT 01 관사 공식

대표문장 1   p.32

1. I am eating an apple.
2. I need a pen.
3. She is an honest girl.
4. There is an orange.
5. I want a blue umbrella.
6. I have an old picture.
7. He wants a red apple.
8. I need a blue pen.
9. I have an easy book.
10. There is a university.

대표문장 2   p.33

1. The Earth is round.
2. I see the sun.
3. I like the cat on the table.
4. Go to the right.
5. I play the violin.
6. The sky is blue.
7. Go to the left.
8. I like the dress over there.
9. I play the drum.
10. The book is interesting.

UNIT 02 some과 any, all과 every 공식

대표문장 1   p.34

1. I don't drink any milk.
2. I don't like any vegetables.
3. I don't need any water.
4. I eat some meat.
5. I bought some flowers.
6. I want some bread.
7. They eat some chicken.
8. He doesn't have any money.
9. I don't need any water.
10. We don't use any paper.

대표문장 2   p.35

1. I like every vegetable.
2. I read every book.
3. I washed all the water bottles.
4. I know all the doctors.
5. I don't like all the dolls.
6. I like all the flowers.
7. They ate all the oranges.
8. She washed every apple.
9. My dad reads every book.
10. I use every pen.

UNIT 03 관사와 some, any, all, every 문장공식

대표문장 1   p.36

1. A dress is pretty.
2. I like every hat.
3. Some students are kind.
4. All children are cute.
5. I eat every orange.
6. I eat all vegetables.
7. Some kites are blue.
8. I see a cat.
9. Every book is easy.
10. All the balloons are yellow.

대표문장 **2** p.37

❶ Every book is interesting.
❷ The fruits are fresh.
❸ All dresses are pretty.
❹ I have some tea.
❺ I see a giraffe.

❻ The sky is clear.
❼ Some gifts are small.
❽ I want all the pets.
❾ We liked every meal.
❿ I washed the ball.

Part 07 자주 사용하는 동사

UNIT 01 동사 want, like 공식

대표문장 **1** p.38

❶ I want a new dress.
❷ I want meat.
❸ I want to dance on the stage.
❹ I want to talk with them.
❺ I want to be a pilot.
❻ I want an eraser.
❼ They want water.
❽ I want to sleep.
❾ I want to cook food.
❿ I want to play the piano.

대표문장 **2** p.39

❶ I like meat.
❷ They like to meet my mom.
❸ We like to live in China.
❹ I like flying the kite.
❺ I like playing the drum.
❻ He likes pets.
❼ She likes interesting movies.
❽ We like to play baseball.
❾ My mom likes to clean rooms.
❿ I like drawing pictures.

UNIT 02 동사 make, have, look, sound 공식

대표문장 **1** p.40

❶ 나는 로봇을 가지고 있다.
❷ 나는 점심을 먹는다.
❸ 좋은 하루 보내세요.
❹ 그녀는 감기에 걸려 있다.
❺ 우리 아빠는 열이 난다.
❻ We make pizza.
❼ I have a big bed.
❽ They have dinner.
❾ Have a good time.
❿ I have a toothache.

대표문장 **2** p.41

❶ The food looks bad.
❷ She looks great.
❸ It sounds good.
❹ She looks like a puppy.
❺ It sounds like a good plan.
❻ She looks old.
❼ They look sick.
❽ It sounds interesting.
❾ She looks like a cat.
❿ It sounds like a good idea.

UNIT 03 동사 want, like, look 문장공식

대표문장 1
p.42

1 I want grapes.
2 I want milk.
3 I want to buy a shirt.
4 I want to be a singer.
5 I want to be a nurse.
6 What do you want?
7 I want to swim.
8 What do you want to be?
9 I want to be a doctor.
10 I want to be an actor.

대표문장 2
p.43

1 What do you like?
2 I like dancing.
3 I like to draw pictures.
4 What does she look like?
5 You look like a model.
6 What do you like?
7 I like flying a kite.
8 I like flowers.
9 What does he look like?
10 He looks like a puppy.

Part 08 접속사와 명령문

UNIT 01 접속사 공식

대표문장 1
p.44

1 나는 사과와 바나나를 좋아한다.
2 나는 춤추고 노래하는 것을 좋아한다.
3 그는 키가 크지만, 나는 키가 작다.
4 그것은 무겁니 아니면 가볍니?
5 그것은 네 것이니 아니면 내 것이니?
6 I like yellow and blue.
7 We want chicken and coke.
8 Ben is old, but I am young.
9 Are those flowers or plants?
10 Is it small or big?

대표문장 2
p.45

1 It is sunny and warm.
2 I like swimming and cooking.
3 He is small but strong.
4 Is she strong or weak?
5 Do you go to school by car or by bus?
6 She likes fall and winter.

7 We want to cook food and eat it.
8 My hat is new but dirty.
9 My mom is tall, but my dad is short.
10 Is your dog white or black?

UNIT 02 명령문 공식

대표문장 1
p.46

1 Do your homework.
2 Come home early.
3 Wear your helmet.
4 Do not touch this.
5 Don't be shy.
6 Take this medicine.
7 Stay in this hotel.
8 Do not(=Don't) close the curtains.
9 Do not(=Don't) open the box.
10 Do not(=Don't) run in the hallway.

⑨ Eat this food, or you will be hungry.

대표문장 2   p.47

❶ Do not(=Don't) touch this.

❷ Do not(=Don't) open the window.

❸ Do not(=Don't) stand up.

❹ Cook food now.

❺ Turn left.

❻ Be quiet.

❼ Come home early.

❽ Do not(=Don't) forget your umbrella.

❾ Do not(=Don't) smoke here.

❿ Do not(=Don't) cut the potato.

UNIT 03 접속사로 연결된 명령문 공식

대표문장 1   p.48

❶ Take this medicine and sleep well.

❷ Turn right and go straight.

❸ Wash your face and brush your teeth.

❹ Drink warm water and sleep early.

❺ Drink milk and eat apples.

❻ Wear pajamas and sleep well.

❼ Wear your helmet and ride this bike.

❽ Read books and do your homework.

❾ Go straight and turn right.

대표문장 2   p.49

❶ Close the window, and you will be warm.

❷ Give me presents, and I will be happy.

❸ Eat vegetables, and you will be healthy.

❹ Clean the room, or I will be angry.

❺ Drink water, or you will be thirsty.

❻ Use this fan, and you will be cool.

❼ Write a letter to your mom, and she will be happy.

❽ Hurry up, or you will be late.

MEMO

미국교과서 읽는 리딩

원어민 따라잡는 상위 5% 영어 습관

미국교과서 읽는 리딩 시리즈는 사회·역사·과학·언어·수학·미술·음악 등 다양한 과목이 한 권에 정리되어 있어 미국 교과 과정을 효과적으로 공부할 수 있습니다.

Reading

Preschool Starter
유치·초등학생용
6권·각 권 12,000원

Preschool
유치·초등학생용
6권·각 권 12,000원
LEXILE® BR-90L

Preschool Plus⁺
초등학생용
4권·각 권 15,000원
LEXILE® 준비중

PreK
초등학생·중학생용
4권·각 권 15,000원
LEXILE® 200L-310L

K
초등학생·중학생용
4권·각 권 15,000원
LEXILE® 350L-440L

EASY
초등학생·중학생용
3권·각 권 15,000원
LEXILE® 530L-620L

BASIC
중학생·고등학생용
3권·각 권 15,000원
LEXILE® 630L-770L

CORE
중학생·고등학생용
3권·각 권 15,000원
LEXILE® 830L-860L

Alphabet & Phonics

Listening & Speaking / Writing

Vocabulary

Alphabet Key
유아·유치원생용
합본·정가 12,000원

Phonics Key
유치·초등학생용
10권·각 권 9,000원

Listening & Speaking Key Preschool
유치·초등학생용
3권·각 권 12,000원

Writing key Preschool
유치·초등학생용
1권·정가 14,000원

Listening & Speaking Key PreK
초등학생·중학생용
4권·각 권 15,000원

Listening & Speaking Key K
초등학생·중학생용
3권·각 권 15,000원

Vocabulary Key
6권·각 권 15,000원
미국교과서 읽는 영단어를 먼저 공부한 후 미국교과서 읽는 리딩을 공부하면 더욱 쉽고 빠르게 미국교과서를 정복할 수 있습니다.

영어체질 형성과정	영어체질 습득과정	영어체질 강화과정	영어체질 확장과정

<미국교과서 읽는 리딩>시리즈와 함께 공부하면 좋은 <다>시리즈!

초·중등 영어 내신 및 서술형 시험을 효과적으로 대비할 수 있는 '다'시리즈는 <문법이 쓰기다>, <단어가 읽기다>, <구문이 독해다> 등으로 구성되어 있습니다. '다'시리즈만 좇아가면 단어가 저절로 읽히고, 문법이 저절로 써지고, 구문은 독해가 저절로 됩니다. '미국교과서 읽는'시리즈와 함께 '다'시리즈를 공부하면 강화된 배경지식 지문과 더불어 서술형 쓰기, 수행평가 등 내신을 완벽하게 대비할 수 있습니다. 초·중등 핵심 지식을 최적의 학습법(교수법) 속에 녹여낸 '다'시리즈, '미국교과서 읽는'시리즈를 지금 바로 만나보세요!

파닉스가 스타트다	단어가 읽기다		문법이 쓰기다		구문이 독해다		문법이 내신이다
	초등	중·고등	초등	중등	초등	중등	
초등 1~2권	초등 Starter 1~2권 초등 영단어 1~4권	중학 영단어 1~3권 고등 영단어	초등 Starter 1~2권 초등 영문법 1~2권	중학 영문법 1~3권 중학 서술형 1~3권	초등 영어 Starter 초등 영어 1~2권	중학 영어 Starter 중학 영어 1~3권	중학 영문법 1~3권